BREVE HISTORIA DEL EJÉRCITO AZTECA

Breve historia del ejército azteca

Marco Antonio Cervera Obregón

nowtilus

Colección: Breve Historia
www.brevehistoria.com

Título: *Breve historia del ejército azteca*
Autor: © Marco Antonio Cervera Obregón

Copyright de la presente edición: © 2024 Ediciones Nowtilus, S. L.
Camino de los Vinateros 40, local 90, 28030 Madrid
www.nowtilus.com

Elaboración de textos: Santos Rodríguez

Diseño y realización de cubierta: Nemo Edición y Comunicación, S. L.
Imagen de portada: Detalle de la *Piedra Tízoc* o *Piedra de Chetumal.*
Escultura circular con grabados de la civilización mexica. Se cree que
la escultura era un monumento a la victoria militar de monarcas mexi-
cas sobre diferentes regiones de Mesoamérica. Exhibida en el Museo
Nacional de Antropología de México.
Maquetación de interiores: Nemo Edición y Comunicación, S. L.

ISBN edición impresa: 978-84-1305-446-9
Fecha de edición: abril 2024

Impreso en España
Imprime: Quares Salesforce S.L.
Depósito legal: M-4824-2024

A César Cervera y Ios Rogers

Índice

Introducción

Antes de poder detallar a fondo lo que este trabajo contiene es necesario hacer una acotación respecto al nombre de este libro. En uno de mis trabajos anteriores, *Breve historia de los aztecas* de esta misma casa editorial, aclaré en algunas de sus páginas una serie de aspectos respecto al gentilicio de esta civilización, es decir, el nombre con el que internacionalmente se le conoce a esta cultura, *azteca* trae algunos problemas muy añejos que deben ser comentados para el lector. Por un lado la palabra *azteca* y por otro el término *mexica* que tienen connotaciones muy parecidas pero no necesariamente es lo mismo. Sin intención de generar polémica o desarrollar a fondo la viabilidad del uso de uno u otro término, me veo en la necesidad de retomar algunas líneas del trabajo anterior para poder esclarecer al lector lo que en realidad debe ser el nombre de este pueblo.

¿Pero cómo debemos llamar a este pueblo? Aztecas, mexicas, tenochas, tlatelolcas, o nahuas. Realmente son un poco de todo como veremos a lo largo de este recorrido. Son aztecas por su estrecha relación con un pueblo del que ya no tenemos más noticia y al cual se encontraban sometidos, también son aztecas por proceder de la tierra de Aztlán, el 'lugar de la blancura'. Sin embargo, deben ser llamados mexicas ya que son el pueblo protegido del dios Huitzilopochtli, conocido también como Mexi. A lo largo de su peregrinaje, los aztecas quienes realmente por las razones antes comentadas se autonombraban mexicas se dividieron en dos pequeños grupos: los mexica-tenochas y los mexica-tlatelolcas quienes a su vez fundarían respectivamente México-Tenochtitlan y México-Tlatelolco. Finalmente los mexicas formaron parte de un grupo muy extenso de culturas, la mayoría habitantes de la Cuenca de México, quienes tenían por lengua el náhuatl, de ahí a todos los hablantes de este idioma se les denomina genéricamente como nahuas.

Breve historia de los aztecas, Marco Cervera

Por ese motivo y a lo largo de las siguientes líneas el nombre real que se debe dar a este pueblo y que es el que tomaremos es el de *mexica* y no *azteca,* pero por tradición hemos considerado denominar a este libro *Breve historia del ejército azteca.*

La intención del presente trabajo se concentra en los siguientes objetivos: primero, proporcionar al lector, sobre todo al de habla hispana, un libro que le permita acercarse al problema de la guerra durante la época del llamado Imperio mexica y en segundo lugar, que quizá sea el objetivo más difícil, es el de ofrecer a los lectores un estudio general alrededor del tema de la guerra en el mundo mexica, por lo menos en lengua castellana, ya que el trabajo de Ross Hassig, *Aztec warfare: imperial expantion and political control,* es una obra que desde muchas perspectivas encontramos insuperable, aunque sin embargo, no es definitiva. A ello sumamos el ya clásico trabajo de José Lameiras, *Los déspotas armados, un espectro de la guerra prehispánica* que junto con el libro de Isabel Bueno, *La guerra en el Imperio azteca, expansión, ideología y arte*, se vienen a integrar en la pequeña línea bibliográfica que se ha generado sobre el militarismo mexica.

Desgraciadamente, el estudio de este tema en México está algo estancado por diversos motivos: primero, la falta de investigadores que sigan esa línea de trabajo y, por otro, algunos postulados de los especialistas de la materia pecan de imprudentes, impidiendo avances significativos en la materia. Tal vez el propósito de mi obra puede juzgarse como pretenciosa, pero soy consciente de que ningún libro puede ser definitivo en materia alguna.

Este trabajo es, también, el fruto de varios años de investigación, pero sobre todo de la maduración de una serie de postulados y teorías derivadas de la arqueología e historia militar europea. Desde hace algunos años he sido criticado por aquellos que no han entendido este proceso de análisis en México. Sabemos de antemano que la arqueología militar, entendida esta como el conocimiento de los conflictos armados del pasado a través de sus restos materiales, ha sido abordada por investigadores de gran parte del mundo en fechas más bien recientes, pero en el caso mexicano es por demás inexistente.

Comprender los diversos factores en los que se ve involucrado un conflicto armado, en este caso en la Antigüedad, hablar de guerra no es simplemente una referencia a dos grupos humanos que se están enfrentando bajo una violencia profesionalizada, sino que implica muchos componentes que hipotéticamente están reflejados tanto en los restos materiales como en las evidencias históricas.

Por ello, la interpretación correcta de muchos factores, como pueden ser: la estructura del ejército; el avituallamiento; las tácticas militares; el uso de las armas, entre muchos otros temas, presentan al investigador no especializado problemas de análisis que, sin duda, llevan en no pocas ocasiones a desarrollar interpretaciones contradictorias de la realidad que, en ocasiones, resultan absurdas y sobre todo fantasiosas. Bien se dice que «para saber nadar, hay que meterse al agua y no mirar el estanque desde afuera», con ello no quiero decir que para poder conocer la guerra en el mundo precolombino sea necesario alistarse en la Marina o en el Ejército, pero sí tener nociones claras de lo que implica un combate real.

México, hasta donde sabemos, no ha tenido experiencia en este campo y el problema de interpretación de la guerra en el México antiguo, es que muchas veces no pasa de los datos sobre dioses y sacrificio humano. No obstante, se han logrado algunos avances en estos años en materia de arqueología experimental de armas, reconstrucción histórica y exposiciones, e incluso se llevó a cabo en el año 2008 el Primer Coloquio sobre la Guerra en el México antiguo en la Facultad de Estudios Superiores (FES) Acatlán de la Universidad Nacional Autónoma de México (UNAM), y algunos otros como el Seminario Permanente de Iconografía del Instituto Nacional de Antropología e Historia (INAH) el cual se dedicó al tema de la guerra en el año 2009.

En vista de estos últimos esfuerzos en la materia, la redacción de este libro implica una importante responsabilidad, ya que además trataré, hasta donde sea posible, de sintetizar esta labor, sacando a la luz algunos temas inéditos en el estudio del México antiguo y proponiendo las líneas a futuro para su investigación.

Por otro lado, expondré temas que seguramente el lector haya escuchado en sobradas ocasiones aunque con visiones muy reduccionistas y con una falta de razonamiento más esclarecedor de los problemas.

La elaboración de este trabajo fue, en realidad, producto de mi segundo viaje a España, la iniciativa de un servidor que nuevamente fue bien acogida por la editorial Nowtilus y una amable y magnífica persona, su director Santos Rodríguez, con quien entablamos charlas académicas, editoriales y hasta personales tanto en Madrid como en México con cervezas y comida mexicana. Así que una vez más debo decir que muchas veces los mexicanos no siempre somos profetas en nuestra tierra y se ve más el apoyo de las instituciones extranjeras para el desarrollo de estos proyectos que el interés que cabe esperar por parte de las editoriales o instituciones nacionales.

Asimismo, también ha sido importante la labor que he podido generar en mancuerna con Alfa Lizcano, quien leyó el manuscrito varias veces y en todas sus versiones, para brindar ese toque que muchas veces a uno se le va de las manos; por ello le muestro mi más sincero agradecimiento.

Finalmente debo hacer unas aclaraciones más respecto a la edición de esta obra. Como podrá ir apreciando el lector, sobre todo para aquel académico, historiador, arqueólogo, antropólogo o gente de letras que está más obsesionado con las interminables citas, bibliografias extensas y parámetros editoriales rigurosos, se topará con una pared al descubrir que no hay tales formalidades en este libro. He eliminado las citas concretas de autores, cronistas y códices, por tratarse de una obra de difusión y estar de acuerdo con la editorial en seguir ese criterio, y sólo en el caso de las citas de cronistas y sus obras he anexado el nombre del autor y de su obra sin llegar a más detalles.

Respecto al tratamiento de las referencias bibliográficas, estas están integradas más como una herramienta de consulta general sobre las obras más representativas sobre la guerra en el mundo mexica que como una bibliografía rigurosa, así que no todos los trabajos o autores que aparecen comentados en esta obra están presentes en el citado apartado.

I

La guerra compleja y el Estado mexica

Generalmente la mayoría de los libros que tratan el asunto de la guerra en la Antigüedad se inician planteando los fundamentos teóricos de la misma. En esta obra trataré, en la medida de lo posible, de omitir estos factores que para muchos casos parecerían engorrosos al lector. Sin embargo, he considerado pertinente establecer una serie de parámetros de análisis sobre nuestro problema de estudio, ya que es la base para entender las interpretaciones que verteré en este y en los subsecuentes capítulos.

La guerra ha sido definida de diversas maneras y quizá lo que más la caracteriza es que se encuentra inserta dentro del ámbito de la cultura, es decir, es una manifestación que identifica únicamente al hombre. Tenemos claro que los animales no hacen la guerra, su manifestación natural es sólo la violencia, por ello, el problema de la guerra se va haciendo complejo en función del desarrollo mismo de las sociedades y de su propia cultura. En consecuencia, en aquellas sociedades donde su desarrollo es más claro, también la guerra se ve cada vez más estructurada, tanto en sus objetivos como en los elementos necesarios para su buen desarrollo.

Las sociedades preestatales, y sobre todo las estatales, requieren de toda una institución militar para poder llevar bien a cabo sus objetivos. Por tal motivo, la estructura de sus instituciones militares debe necesariamente contar con diversos componentes que permitan el engranaje de toda la infraestructura bélica necesaria. Ello supone una serie de recursos económicos, humanos y de organización institucional muy grande, que implican una serie de factores que deben estudiarse por separado para finalmente reconocer su estructura en conjunto y saber el cómo y el por qué de los conflictos armados en las distintas sociedades de la Antigüedad.

Intentaré desglosar en este capítulo varios de estos elementos que en otras ocasiones he denominado como *componentes de la guerra compleja*. Aspectos que pueden estar sujetos a discusión y es precisamente en esta donde se estaría estableciendo el parámetro de avances y retrocesos en el estudio de la guerra mesoamericana. Finalmente, espero que los colegas que lleguen a leer este trabajo entiendan estos procesos y en futuros foros de discusión se analicen y entablen polémicas alrededor de lo siguiente.

Estructura del ejército, sistemas de mando, avituallamiento, entrenamiento, sistemas de armamento, planteamientos tácticos, mercenariado, elementos rituales asociados a la guerra, poliorcética, etc. Evidentemente los elementos analizados serán vislumbrados desde la aplicación en la estructura social, política y militar mexica a lo largo de este libro; sin embargo, mucho de lo que se exponga en este capítulo será la base teórica para lograr comprender las diversas interpretaciones que abordaré en las siguientes líneas. Comencemos por entender qué es un ejército y cómo se debe estructurar.

El ejército y su estructuración

Una colectividad numerosa de hombres que están dispuestos a presentar batalla con un semejante es, en resumen, un ejército. Este supone una serie de elementos para su buen desempeño en la batalla. Se conocen en la historia de la humanidad muchos tipos de *ejército,* bajo los estrictos cánones de la guerra compleja. Ello representa un cuerpo realmente especializado de hombres que tienen papeles específicos en todo el proceso de la campaña militar. Esto también implica que dichos hombres estén, preferentemente, adiestrados bajo el mando de cierto cuerpo de hombres de mayor rango y experiencia; a esta relación de subordinación la denominaremos el sistema de mando.

La base de este fundamento es que se requiere del liderazgo de un individuo para que una acción violenta en masa no termine en serios problemas de coordinación. En buena parte de las sociedades de la Antigüedad, el principal representante de las fuerzas militares ha sido el rey y/o gobernante, ya sea por demostrar su eficacia en el campo de batalla, por algún tipo de encumbramiento político o de nobleza, o por herencia; y aún lo vemos hoy en muchos estados, como el mexicano, donde el presidente es el jefe supremo de las fuerzas armadas.

De este tipo de personajes se desprende una serie de subalternos que, a lo largo de la historia y dependiendo de cada cultura, han llevado diversos nombres, papeles en el sistema de mando y quizá lo más importante para nosotros es que cada uno de ellos, además del nombre, están representados iconográficamente por algún distintivo. Sobre todo, gracias a las diversas representaciones en los diferentes materiales arqueológicos y etnohistóricos y apoyados en las fuentes escritas, es viable conocer las características gráficas y rastrear los sistemas de mando en los ejércitos antiguos.

Por ejemplo, entre los mandos superiores de los ejércitos griegos de la Antigüedad era sobre todo la crin, aditamento que decoraba los cascos, lo que determinaría en algunos casos el rango. Sabemos de antemano que la mayoría de los soldados llevaban dicho ornamento verticalmente, de manera que iba de la frente a la nuca pero, generalmente, los mandos supremos lo llevaban de forma horizontal. Este elemento después pasará a los romanos quienes continuarán esta tradición entre sus centuriones.

Gracias a la investigación y el análisis icono-gráfico de este y otros factores podemos llegar a reconocer los sistemas de mando en un ejército antiguo. Como veremos, el caso mexica tiene su respectiva problemática, sin embargo, el mayor elemento emblemático de los sistemas de mando está representado por animales cuya carga simbó-lica es clara: los guerreros águila y jaguar.

Uno de los grandes inconvenientes de estu-diar los sistemas de mando antiguo, y concreta-mente en el caso mesoamericano, es reconocer con certeza las cadenas de mando. El problema se da cuando no se logra identificar dicha cadena y saber quién le sigue a quién, con qué nombre y cuáles son sus distintivos iconográficos y funciones. Esta es una dificultad con la que nos toparemos en el estudio de la sociedad mexica, de la cual pese a que se tiene información, los eslabones no son del todo evidentes.

Otra parte fundamental en la estructura de los ejércitos es el llamado *sistema de comunicación*. La transmisión de órdenes por parte de un indivi-duo a una masa homogénea de gran cantidad de hombres resulta en gran parte problemática, por lo tanto es necesario contar con un sistema de trans-misión de órdenes en plena batalla.

No podemos imaginar a un general gritando en medio de la batalla qué deben hacer sus hombres cuando están en el ardor del combate. Por ello, los sistemas de mando y los sistemas de comunicación están conectados, ya que los mandos principales pueden delegar su orden a los mandos directamente siguientes a ellos, quienes a su vez pueden, a través de diversos sistemas, transmitir dichas órdenes. Las señales de este tipo de transmisión pueden ser de dos tipos: sonoras o visuales.

Las transmisiones sonoras generalmente se hacen a través de instrumentos musicales, de los cuales ya se tienen señales sonoras acordadas con anterioridad a dicha batalla. Bien puede ser con tambores o flautas como en el ejército espartano, también con trompetas como en el romano. Nuevamente al recurrir a las fuentes escritas, donde generalmente se describen las batallas de la Antigüedad, se puede saber cómo se transmitían estas órdenes.

Las representaciones iconográficas, nuevamente, nos pueden brindar especial información al respecto, tal es el caso del famoso vaso Chigui donde, por vez primera se representa una falange hoplítica dirigida con el sonido de flautas dobles. En el caso mesoamericano y específicamente mexica, se tiene la información al respecto sobre todo gracias a las narraciones de los conquistadores españoles. Más adelante trataremos en otro capítulo el análisis de los sistemas de comunicación y transmisión de órdenes del ejército mexica.

No podemos dejar de lado los sistemas de comunicación visuales generalmente apoyados en banderas; sin embargo, los uniformes juegan también un papel preponderante y sencillo en el momento de la batalla por el simple hecho de mostrar en qué bando están y, por lo tanto, el ejército distingue fácilmente a quién matar y a quién no. Sabemos que por detrás de todo ello se esconden los sistemas de mando, los distintivos y divisas militares e incluso factores de tipo religioso y simbólico que forman parte de los fundamentos culturales de quienes los portan.

ADIESTRAMIENTO

El adiestramiento de los ejércitos está relacionado con una serie de conocimientos, aspectos técnicos e incluso asociados directamente con el grado de avance tecnológico de las sociedades, así como un factor determinante: el modo cultural de hacer la guerra. Este último factor puede incluso determinar el desenlace de un combate.

Esto va directamente relacionado con otro concepto del cual hablaré unas líneas más abajo: el mercenariado. Así, el adiestramiento debe tener como base una serie de conocimientos de supervivencia, ataque y defensa, muchos de ellos basados en el uso de armas ofensivas y defensivas, su desarrollo en sistemas y el papel que todo esto tiene para determinar las llamadas unidades específicas. A ello debemos sumar el conocimiento de técnicas de combate cuerpo a cuerpo conocidas como artes marciales, que sin duda han constituido una de las grandes preguntas que recientemente la sociedad mexicana se hace con respecto a los cuerpos militares del mundo precolombino, que trataremos más adelante.

Los sistemas de armamento

Desde la aparición de mi primer libro en 2007, *El armamento entre los mexicas*, he tratado de explicar cómo el armamento, por sí mismo, presenta una serie de factores por demás difíciles de comprender para su estudio. La base siempre ha sido reconocer, en primera instancia, cuáles son las armas ofensivas y cuáles las defensivas.

Las primeras están diseñadas para herir y matar bajo diversos esquemas: armas cortantes, punzantes, contundentes o una mezcla de las anteriores. A su vez pueden ser consideradas para el combate cuerpo a cuerpo o bien armas de tipo arrojadizo como son arcos y flechas, lanzadardos, jabalinas, hondas, entre otras. Por su parte, las armas defensivas pueden ser de dos tipos básicos: pasivas, entendidas estas como aquellas que están directamente integradas al cuerpo como son, corazas, petos, cascos, grebas, etc.; y las activas, los escudos, los cuales están en constante movimiento para mantener protegido en todo momento al guerrero que lo sujeta. No debemos olvidar que las armas defensivas como los escudos en ocasiones también tienen funciones ofensivas dependiendo de su diseño.

Cuando las diversas sociedades del mundo estructuran el diseño de sus armas, cada una de las partes que las componen tiene siempre una función específica. Nada en el diseño de un arma está necesariamente colocado al azar, sobre todo si sabemos que se trata de objetos pensados y fabricados exclusivamente para la guerra. Una vez más, el factor que determina sus trazados depende de la cultura de quienes los crean y por ende, la forma de combate está determinada por el diseño de las armas.

Pero un arma no debe ser estudiada por sí sola sino en relación con la combinación de otras y el desarrollo de los sistemas de armamento. Esto significa que un guerrero casi siempre lleva varios tipos de armas que en conjunto juegan un papel fundamental en el desarrollo de la batalla, tanto individual como en su uso combinado. Esto nos lleva a comprender dos conceptos más: el de las unidades específicas y el de los planteamientos tácticos.

UNIDADES ESPECÍFICAS

Cuando hablamos de unidades específicas nos referimos a cuerpos especializados de guerreros que se caracterizan por llevar a cabo cierto papel en la batalla: infanterías ligeras, infanterías pesadas, caballería, etc. Generalmente, las infanterías ligeras siempre llevan armas de tipo arrojadizo, tienen más movilidad y se encuentran menos protegidas. Por el contrario, las infanterías pesadas llevan armamento diseñado para el combate cuerpo a cuerpo, su movilidad es en cierta manera deficiente y por lo general se encuentran más protegidas debido a las funciones que desempeñarán en la batalla.

Es tan importante este factor en las sociedades del mundo antiguo, que pueden ser definidas culturalmente sólo por sus sistemas de armamento, unidades específicas y sus planteamientos tácticos. El estudio de estos elementos también puede llevarnos al conocimiento de la organización social y política de los pueblos que las crearon. Tal es el caso del famoso sistema hoplítico griego, conocido por todos como aquellos famosos guerreros pesadamente armados que avanzan en formaciones cerradas. El análisis profundo de este tipo de estructura militar llamada hoplita ha derivado en extensos trabajos para poder conocer su origen, desarrollo y características técnicas y sociales. Su conocimiento ha llegado a tal grado, que hay quienes afirman que el origen de las polis griegas esta directamente asociado a este tipo de forma de combate, a ello se le ha llamado la *Revolución hoplita* (Echeverría, 2008).

Planteamientos tácticos

Los planteamientos tácticos no son otra cosa que acomodar las piezas como en un juego de ajedrez, para que el desempeño de las unidades tenga un factor determinante con los efectos acordados por los estrategas en el campo de batalla. Imaginemos algo como un partido de fútbol, donde cada jugador tiene un papel en el campo y debe actuar en función de un plan acordado.

En muchas ocasiones, las civilizaciones antiguas tenían planteamientos tácticos específicos que llevaban a cabo generalmente con un patrón. Véase el caso macedonio o espartano, en el cual la falange es la base del planteamiento táctico. Nos preguntamos si en el México antiguo existía algún tipo de planteamiento táctico a la hora de presentar batalla o solamente nos referimos a grupos de guerreros descoordinados que atacaban a diestra y siniestra sin ningún tipo de organización. Este es un tema que está prácticamente virgen. Nadie se ha interesado por conocer este aspecto y es que el gran problema surge de la metodología de investigación. Para conocer un planteamiento táctico se debe empezar por conocer los sistemas de armamento, posteriormente reconocer si existen unidades específicas, y finalmente averiguar qué papel tienen en el combate estas unidades para establecer los patrones.

POLIORCÉTICA: LAS FORTIFICACIONES

La poliorcética se define como la ciencia del asedio y defensa de las ciudades. Le daremos una especial atención en capítulos posteriores y, por lo tanto, no detallaré los pormenores teóricos y técnicos del estudio de esta disciplina en el caso mesoamericano, sino que remito al lector al capítulo dedicado a esta.

EL MERCENARIADO

Uno de los temas que más puede llamar la atención del lector es la cuestión del mercenariado. Son grupos de guerreros que se emplean en el campo de batalla más por un motivo económico que por un propósito patriota, luchando bajo el estandarte o bandera de quien más les convenga en paga o retribuciones. El guerrero mercenario fue algo común en los ejércitos del Mediterráneo antiguo, generalmente ocupando a los guerreros que tenían más prestigio en su momento, por citar el caso de los honderos baleares, o los mismos hoplitas griegos. Al preguntarnos si el concepto de mercenario debe ser aplicado al caso mesoamericano, nos encontraremos con que existen algunos ejemplos interesantes en el mundo mexica de este tipo de estructura bélica.

Como podemos ver, la base teórica que implica el estudio de la guerra en la Antigüedad puede ser aplicado a cualquier parte del mundo, solamente se trata de establecer las bases de lo que se quiere estudiar, cómo analizarlo tema a tema y los graves problemas de interpretación que ello representa, ya que obviamente no podemos comparar un tipo de combate griego o romano con la versión mexica o maya, pero sí podemos conocer, basándonos en lo que se ha establecido en otras latitudes, una base epistemológica del conocimiento de los temas aquí presentados. Un pilar fundamental de este saber son las diversas fuentes de investigación que tenemos para el conocimiento de la guerra en el mundo mexica, sus debidas limitaciones y aportaciones, tema de nuestro siguiente capítulo.

II

Estado general de la cuestión

EL ESTUDIO DE LA GUERRA EN EL MÉXICO ANTIGUO

Son muchos y de muy variada tipología los investigadores que han trabajado el tema de la guerra mesoamericana, desde los cronistas hasta los escritores del siglo XIX. El repertorio de investigaciones generadas sobre los mexicas es muy amplio y ha sido objeto de producción historiográfica desde mediados del siglo XVI, por parte de los conquistadores y evangelizadores europeos entre los que contamos a Hernán Cortés, Bernal Díaz del Castillo, fray Bernardino de Sahagún y fray Diego Durán.

En un trabajo anterior (Cervera, 2007: 57-74) desarrollé en gran medida estos antecedentes,

desde los cronistas del siglo XVI hasta los trabajos realizados a mediados del siglo XX, e incluso,
las producciones de épocas más recientes. Desde
mi punto de vista, no es hasta los siglos XX y XXI,
cuando han comenzado a generarse nuevos avances, en los cuales nos centraremos en este breve
análisis del estado de la cuestión. Debo recalcar la
labor de algunos alumnos de Historia Prehispánica
de la FES Acatlán que están siguiendo esa línea
de investigación, y cuyas tesis esperemos que en
poco tiempo refuercen en gran medida esta labor
historiográfica que hemos emprendido de manera
somera en este capítulo.

Realmente este tipo de estudios tuvieron
su principal precursor en la figura de Adolphus
Bandelier con la aparición del famoso artículo *On
the art of war and mode of warfare of the ancient
mexicans,* publicado en 1877, pasando por las
excelentes investigaciones formales del profesor
José Lameiras.

El estudio de la guerra en Mesoamérica ha
tenido algunos avances, aunque en general ha
permanecido en *stand by* debido a que algunos
enfoques teóricos con los que se ha tratado el
problema han resultado demasiado reduccionistas,
aunado esto al escepticismo que produce el hecho
de que las sociedades anteriores al Posclásico hayan
sido tradicionalmente consideradas civilizaciones
pacíficas.

Uno de los primeros trabajos que se desarrollaron alrededor de este tema y que considero de
gran valor académico y bibliográfico es el de don

Antonio Peñafiel llamado *Indumentaria antigua, armas, vestidos de guerreros y civiles de los antiguos mexicanos*. Basándose en algunos documentos pictográficos y objetos arqueológicos, Peñafiel hace un estudio de la vestimenta de los antiguos mexicanos, dejando un apartado especial para la descripción detallada de cada una de las armas. Este trabajo, de principios del siglo XX, está acompañado de ilustraciones tomadas de algunos códices, como el *Códice Mendocino* y el *Lienzo de Tlaxcala,* desglosando y describiendo parte del sistema de armamento mexica.

En 1950 Wilfrido du Solier publica su famoso *Ancient Mexican Costume* dedicando una pequeña parte al atavío de los guerreros, incluyendo sus armas. Lo interesante de este trabajo es que interpreta los atuendos y los probables sistemas de armamento, reproduce algunos dibujos ya clásicos, todo ello basándose en documentos como el *Códice Mendocino, Lienzo de Tlaxcala, Atlas de Durán* y *Códice Florentino.* De manera muy particular hace también la reproducción de la desaparecida pintura mural de Malinalco de la cual tendremos oportunidad de hablar en subsecuentes capítulos.

Posteriormente, dentro de la serie *Estudios de cultura náhuatl,* aparece publicado en 1972, *The arms and insignia of the mexica* de Thelma Sullivan. Trabajo fundamentalmente etnohistórico con base en la obra del padre Sahagún conocida como el *Códice Matritense.* Esta primera minuta del padre Sahagún contiene un apartado de insignias y armas militares, las cuales son tomadas

Reconstrucción de Wilfrido du Solier de un guerrero jaguar
bajo el sistema de armamento de macuahuitl y escudo.
Tomado de *Ancient Mexican Costume*, 1950, p. 49.

por la investigadora para describir la forma de
elaboración de los artefactos. Las armas ofensivas
mencionadas en este documento son el arco y
la flecha y el *macuahuitl*. Se hace hincapié en la
técnica de manufactura y en las materias primas
usadas en escudos, *macuahuitl* e insignias militares
en general.

El verdadero parteaguas de los estudios mesoamericanos en torno al estudio de la guerra en el

Los déspotas armados

José Lameiras

EL COLEGIO DE MICHOACAN

Los déspotas armados, un espectro de la guerra prehispánica (1985).

siglo XX fue la extraordinaria obra publicada en 1985, bajo el sello del Colegio de Michoacán, titulada *Los déspotas armados. Un espectro de la guerra prehispánica* de José Lameiras. Este trabajo desarrolla una serie de temáticas que ayudan a entender dicho fenómeno cultural. Los problemas que desde mi perspectiva conlleva esta obra es que únicamente se dedica a fuentes escritas, sin tener en cuenta prácticamente la arqueología; del mismo modo, no lleva ningún tipo de ilustración, por ejemplo, de códices, lo cual demerita en gran medida el trabajo.

Si bien se analiza desde la óptica de la antropología mexicana el problema de la guerra en

varios aspectos, sin duda alguna la falta de madurez teórica alrededor del tema es evidente; sin
embargo, en su momento fue una obra fundamental y casi podríamos decir la única, pues un trabajo
previo de Jorge Canseco llamado *La guerra sagrada*
de 1966 es tan sólo una síntesis muy pobre de lo
conocido hasta ese momento. En ese entonces era
uno de los trabajos más completos que sobre el
tema se había publicado y de hecho, muchos investigadores actuales aún lo tienen en cuenta para sus
investigaciones, ya que es una obra fundamental
en la materia aunque, como hemos señalado, es
evidente que se encuentra en el principio de la
línea de investigación.

Cabe mencionar que una aportación importante a este trabajo es el apéndice sobre términos nahúatls referentes a la guerra. Dentro de
este glosario se anexa una sección dedicada a las
armas y los vocablos con que se pueden designar. Lo interesante de ello radica en que, gracias
a estos términos traducidos al español, podemos
pensar que el arsenal indígena es mucho más rico
y variado (Lameiras, 1985: 181-183) de lo que a
continuación presentaremos. La deficiencia radica
en que muchos de los artefactos designados bajo
una traducción lingüística, probablemente no
tengan su contraparte en evidencias arqueológicas
o siquiera descritas en las fuentes coloniales. Esta
es otra de las labores que esperará a ser resuelta en
futuras investigaciones, ya que las fuentes lingüís-
ticas no han sido un pilar fundamental en la redacción de esta obra.

En 1988 se publica el trabajo del investigador norteamericano Ross Hassig, bajo el título de *Aztec warfare: imperial expansion and political control*, que trata de manera extensa el tema del militarismo mexica, presentando un capítulo dedicado completamente a las armas y su evidencia no sólo en las fuentes escritas sino también en la arqueología. Es precisamente en este libro donde se comienza a presentar de una forma más madura la problemática en cuestión ya que, entre otras cuestiones, el autor se basa no sólo en los registros históricos sino también en la evidencia arqueológica y etnohistórica.

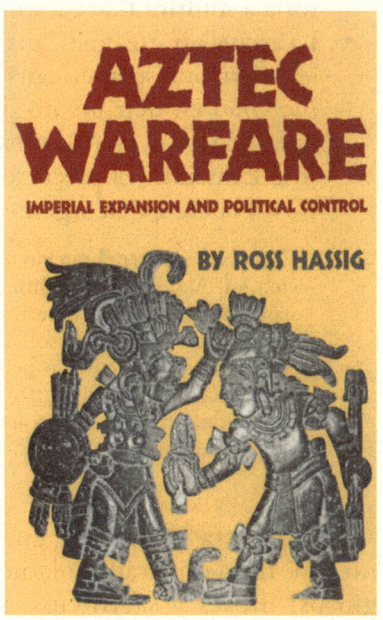

Aztec warfare: imperial expansion and political control (1988).

Considero que los estudios sobre la guerra mexica están enfocados en dos líneas teóricas básicas:

- La explicación del problema a partir de propuestas meramente simbólicas, exaltando el problema de la guerra como la tradicional forma de capturar prisioneros para el sacrificio y todo lo que en ello puedan representar sus dioses, la sangre y los respectivos aspectos iconográficos que se conocen. Este enfoque está más arraigado en la escuela mexicana de antropología que hunde sus raíces en los estudios de investigadores como Alfonso Caso, pero que no da respuesta satisfactoria a multitud de cuestiones.

- La escuela norteamericana que ha comprendido la guerra mesoamericana desde aspectos más *humanos* en detrimento de los *divinos* por los que abogaba la escuela mexicana, exceptuando a José Lameiras. El precursor de esta corriente es Ross Hassig quien argumenta que:

> No obstante que el pueblo en cuestión crea en Jehová, Alá, Huitzilopochtli o Chac, el ejército sólo puede avanzar determinado número de kilómetros al día, cada soldado consume cierta cantidad de alimentos o bebidas diariamente, y es necesario proporcionar estos abastos si se pretende ganar una guerra al margen de la ideología [...].

Para esta escuela la guerra mesoamericana no está fundamentada solamente en factores religiosos: dioses y sacrificios, sino que quienes la llevan a cabo son humanos y requieren de entrenamiento, armamento, estrategia, logística etc., y es precisamente dentro de esta perspectiva mucho más pragmática donde encontramos el verdadero futuro de las investigaciones sobre militarismo en Mesoamérica, sin olvidar que todavía falta mucho por hacer en la parte supraestructural.

Desde nuestro punto de vista es, a la fecha, el mejor trabajo que se ha elaborado en conjunto sobre el problema de la guerra en el mundo mexica, y aunque muchos han afirmado que es definitivo, no podemos argumentar tal cosa, más bien diría que es el comienzo y punto de partida pues es sin duda una obra indispensable, mas no definitiva.

Quizá en esta escuela también se encuentra la labor desempeñada por John Pohl quien, en 1991 y 2001 publica los libros *Aztec, Mixtec and Zapotec Armies* y *Aztec warrior, AD 1325-1521,* editado por Osprey Publishing, que en unas cuantas páginas analiza los sistemas de armamento de estas sociedades, incluyendo la mexica, tomando como fuente básica de información al *Códice Mendocino.*

Uno de los aspectos más notables de estos trabajos son las reconstrucciones de los sistemas de armamento y uniformes a partir de magníficas ilustraciones. Evidentemente en México hace falta un trabajo de este tipo, ya que las editoriales de este país, cuando se les ha propuesto desarrollar libros de estas características han considerado poco rentable el proyecto. Ya veremos líneas adelante que el problema de la reconstrucción histórica en México está prácticamente «en pañales». No

Aztec Warrior,
AD 1325-1521
(2001).

obstante lo anterior, ya se está intentando algo que
próximamente repercutirá en el asunto de la difusión en todo el país.

Uno de los estudios más recientes y con más
valor sobre la guerra en el mundo mexica, especialmente por retomar con gran detalle y análisis
las fuentes escritas son los trabajos de la doctora
Isabel Bueno, ya que en el 2003 presenta en la
Universidad Complutense de Madrid como tesis
de doctorado *La guerra mesoamericana en época
mexica,* que aparece publicado como libro en el
año 2007 bajo el título de *La guerra en el Imperio
azteca.* En este trabajo aborda ampliamente el
problema de la guerra mexica recuperando y

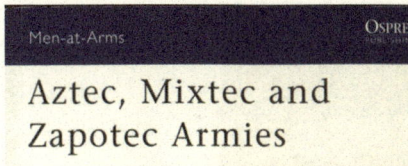

Aztec, Mixtec and Zapotec armies (1991).

analizando información de las fuentes escritas y dedicando constantemente algunas líneas al asunto del armamento.

En un reciente artículo publicado en *Estudios de cultura náhuatl*, «La guerra naval en el valle de México», Isabel Bueno desarrolla un estudio sobre la guerra naval mexica, estudio prácticamente pionero en este campo y en este tipo de investigaciones. Solamente Hassig y Lameiras habían llegado a comentar algo en sus respectivos trabajos y presenta además algunas de las tácticas que probablemente utilizaron los mexicas a lo largo de su historia en el uso del armamento durante los enfrentamientos navales.

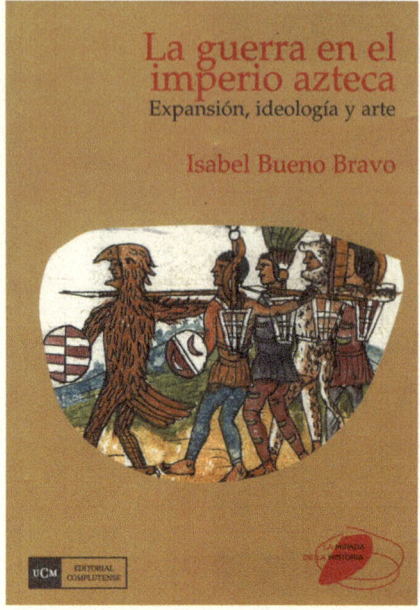

La guerra en el Imperio azteca: expansión, ideología y arte (2007).

Finalmente en el año 2007, quien esto suscribe publicó *El armamento entre los mexicas,* bajo el sello de la prestigiosa revista de armas antiguas *Gladius,* publicación del Consejo Superior de Investigaciones Científicas (CSIC) en colaboración con Polifemo. En este trabajo, que inicialmente fue la tesis de licenciatura de la ENAH, abordé el tema del armamento mexica desde varias facetas, tomé en cuenta todas las fuentes de investigación disponibles, con el propósito de analizar los diferentes aspectos en los cuales el armamento estaba involucrado dentro de la vida del pueblo mexica, especialmente en el campo de batalla.

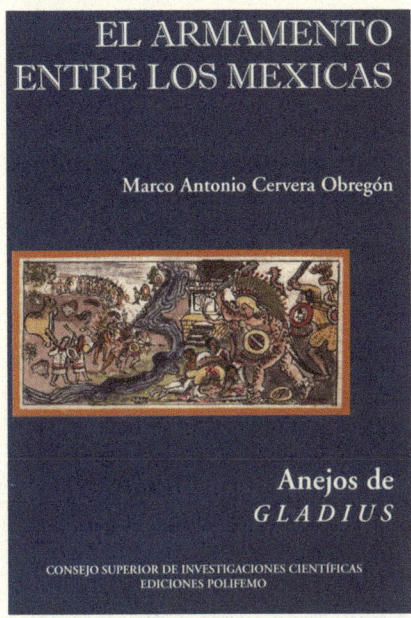

*El armamento entre
los mexicas* (2007).

Así mismo, en el ya mencionado texto, establecí algunos de los pormenores que serían la base para la futura línea de investigación que denominaré Programa de Investigación sobre el Militarismo en Mesoamérica (PISMM), tratando de vincular las teorías de la arqueología militar y estructurar de forma clara el estudio del armamento y sus sistemas, y sobre todo proponer posibles unidades específicas y dejando en duda los planteamientos tácticos y su posible patrón, entre otros aspectos de gran relevancia.

El PISMM nace a partir de una propuesta personal de investigación, dentro de la cual se han

45

tratado de generar diversos trabajos vinculados a esta temática. Este se inició bajo la línea de investigación encaminada al estudio del armamento mesoamericano y más concretamente al estudio del armamento mexica, el cual tiene sus primeros resultados con la tesis titulada *El sistema de armamento entre los mexicas*, posteriormente publicada, como apuntamos anteriormente, bajo el título: *El armamento entre los mexicas*.

Ya otros trabajos han dado continuidad a estas investigaciones, lo que representa una cierta trayectoria en arqueología militar.

Así, el resumen de las aportaciones hasta ahora generadas por este programa y sus diversos proyectos son las que aparecen en los siguientes epígrafes.

Publicaciones

Las investigaciones han dado lugar a diversos artículos y a un libro que obviamente pretende ser un avance, respecto al resumen y análisis de temas poco estudiados en esta materia.

Con relación a lo que podemos denominar publicaciones, también se creó una página web vigente desde febrero de 2009 referente a este tema (http://arqueomilitar.blogspot.com), que integra cursos, conferencias, coloquios, publicaciones e incluso entrevistas y que ha provocado gran interés en la red.

Conferencias

El PISMM desde su aparición en 1999 —y ya ha cumplido diez años— ha generado poco más de una treintena de conferencias tanto en México como en España, lo que incluye varios cursos de arqueología militar en sitios como la FES Acatlán (UNAM) y en otras instituciones mexicanas y españolas como la Fundación Clos de Barcelona.

Coloquios

En noviembre del 2008 se desarrolló en la FES Acatlán (UNAM) el Primer Coloquio sobre la Guerra en el México Antiguo, donde fueron rescatados varios conceptos alrededor de la guerra y el México precolombino. Debido al gran interés entre los asistentes esperemos que próximamente se desarrollen nuevas ediciones de este coloquio.

Exposiciones

Como parte de la exposición temporal presentada en el Museo del Templo Mayor: *Guerra y tributo, presencia Mexica en Guerrero* se pudo reproducir un aspecto inédito en nuestro país: la reconstrucción tamaño natural de un guerrero *tzitzimitl* mexica, con las debidas adaptaciones científicas en torno al traje, medidas antropométricas, armas, etc.

Arqueología experimental de armas mesoamericanas

Este programa también ha desarrollado el proyecto sobre arqueología experimental de armas mesoamericanas, prácticamente también inédito en nuestro país. Uno de los primeros resultados fue

el desarrollo de un *macuahuitl* con el fin de conocer los efectos lesivos dentro del campo de batalla. Este producto de investigación fue presentado
en el marco del XXVII Congreso de la Sociedad
Mexicana de Antropología, el 3 de agosto de 2004
y publicado por la prestigiosa revista *Arms and
Armour* de la Real Armería de Inglaterra en el 2006.

Tiempo después una versión más sencilla se
publica en el número 84 de la revista *Arqueología
Mexicana*, dedicado a la guerra. Del mismo modo, se
desarrolló el proyecto sobre la lanza en Mesoamérica
con los mismos resultados y parte de esta investigación está en prensa para el Congreso Nacional de
Arqueología Argentina, entre otros trabajos.

Respecto a este último, los estudios de arqueología experimental de armas mesoamericanas están
comenzando a generar interesantes y polémicos
resultados. Por un lado se encuentra la labor del
historiador Alfonso Garduño, quien desafortunadamente se ha dejado llevar por el interés personal de
obtener un protagonismo tardío en esta materia, lo
que ha generado una serie de propuestas erróneas y
poco sustentadas al decir que las armas mesoamericanas únicamente servían para herir y no para matar,
sin considerar los trabajos previos o contemporáneos
al respecto, tratando así de convencer dentro del
medio académico y fuera de él, de ser el principal
impulsor de estas materias, e incorporando teorías
ingenuas que lejos de colaborar con el avance, logran
únicamente un retroceso en la materia.

Desde otra perspectiva, un grupo de antropólogos de la ENAH, bajo el nombre de Átlatl México

han generado rica e interesante información de arqueología experimental sobre algunos artefactos, entre los que se encuentran escudos, *ichcahuipilli* (un tanto polémico) y sobre todo el propulsor o lanzadardos. De hecho se ha podido rescatar, por parte de este grupo, el uso de la honda y su fabricación desde la vía mesoamericana, lo cual he documentado para incorporarlo en este trabajo.

Los resultados de sus experimentaciones tienen mucha más credibilidad, son más sorprendentes que los de Garduño, y echan totalmente abajo las teorías anteriores. Por el contrario y como veremos en este libro, se ha podido incluso traspasar la carrocería de un automóvil con un dardo tirado con átlatl, ¡que me digan si esto no puede matar a un hombre! Actualmente la práctica con estos artefactos se está llevando a cabo por quien esto suscribe junto con estos expertos, que cuentan con más de cuatro años de experiencia en ese campo. Se han incorporado sus estudios y discusiones en algunas de las sesiones de la Sociedad Mexicana de Arqueología e Historia Militar (SMAHM) de la cual hablaré a continuación.

CREACIÓN DE LA SOCIEDAD MEXICANA DE ARQUEOLOGÍA E HISTORIA MILITAR (SMAHM)

Producto del primer curso de Arqueología Militar en la UNAM, algunos alumnos se unieron a un servidor para crear la Sociedad Mexicana de Arqueología e Historia Militar (SMAHM), que lleva un año en actividades, sesionando diversos temas alrededor de la guerra mesoamericana e incluso de otras latitudes. (Los resultados de dichas sesiones se pueden ver en http://sociedadarqueomilitar.blogspot.com).

El futuro de las investigaciones sobre la guerra en el mundo mexica y en toda Mesoamérica aún están por alcanzar su madurez; desafortunadamente, las discusiones en este amplísimo campo de acción son todavía muy pobres en congresos y coloquios donde se siguen abordando las típicas cuestiones en torno a los aspectos simbólicos.

En diversas ocasiones en congresos, seminarios y conferencias aisladas ha sido común poner sobre la mesa de discusión una serie de problemáticas alrededor del tema en cuestión pero, sin embargo, en sobradas ocasiones la participación de los colegas es nula, lo cual impide llevar a cabo un análisis acalorado y profesional de los muchos problemas a debatir.

Incluso los llamados «especialistas» ni siquiera se hacen presentes en dichos foros de análisis. Ello denota una total falta de madurez en el tema, pero al mismo tiempo anima al investigador a dar continuidad a sus investigaciones.

En mi opinión, cuando se lleven a cabo discusiones académicas, por ejemplo, sobre el patrón de combate de los ejércitos mexicas, con un sustento teórico y arqueológico bien estructurado, o sobre el uso de las armas asociado a los sistemas de armamento, o del sistema de mando entre otros, es cuando realmente podremos hablar de un avance en el conocimiento. Insisto en que hay todavía mucho por hacer.

III

Las fuentes de investigación

La opinión del doctor Fernando Quesada en la presentación de mi libro, *El armamento entre los mexicas*, editado por el CSIC en España hace sólo unos cuantos años era la siguiente: «Resulta sorprendente que, contando con tan apasionantes y detalladas fuentes de documentación, sean tan escasas las publicaciones en lengua española dedicadas al armamento, las tácticas, la guerra y a los aspectos rituales entre los pueblos de la América precolombina».

No está por demás decirlo, ya que, efectivamente, las fuentes de investigación con las que contamos para el estudio de la guerra mesoamericana, y en especial mexica, son abundantes, por lo menos en lo que se refiere a fuentes escritas. Sin embargo, la abundancia no siempre significa

calidad en el momento de establecer los parámetros que se desean conocer en ciertas líneas de
investigación alrededor del tema de la guerra.

Como veremos en este capítulo, las fuentes
para el conocimiento de la guerra entre los mexicas
son muchas pero a la vez fragmentadas, parecen
abundantes, pero no siempre brindan la información necesaria para ciertos aspectos y en cambio
son recurrentes en otros. Donde unas fuentes se
limitan a ciertos datos, otras las complementan y
viceversa. Iniciemos pues con las fuentes derivadas
de la arqueología.

La arqueología y la antropología física

La arqueología como una ciencia derivada
de la antropología, por lo menos en el caso mexicano, estudia los restos materiales de las sociedades
desaparecidas. En este sentido, existe una especialidad conocida como arqueología militar, la cual
pretende conocer diversos aspectos de los conflictos bélicos y lo que ello representa a lo largo de
la historia, utilizando como fuente primordial de
investigación los restos materiales. Los ejemplos
de cómo esta cultura material pueden ser mani-
festados en la arqueología son muy variables. Una
muestra de ellos son los campos de batalla, los
cuales pueden ser, bajo diversas técnicas arqueológicas, localizados y explorados.

Alrededor del mundo existen muchos
ejemplos documentados, como es el caso de las

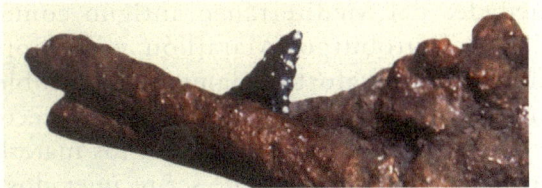

Hueso de brazo con punta de proyectil incrustada. Tlatilco, Estado de México (Período Formativo).

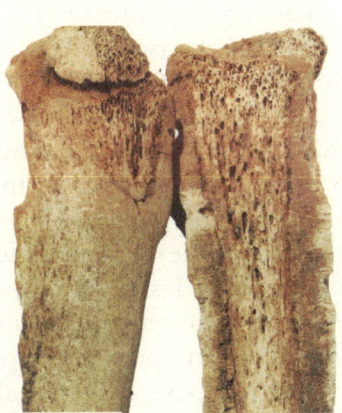

Cúbito con evidencias de haber sido rebanado con un arma cortante, posiblemente un macuahuitl. Cholula, Puebla.

Hueso de tobillo con una lasca de obsidiana incrustada. Tlatelolco, D. F.

Pocos son los restos óseos que han quedado del mundo mexica con evidencias de traumatismo y armas líticas asociadas. Aquí encontramos algunos ejemplos que no necesariamente son del Posclásico.

sociedades del Mediterráneo antiguo como en Baécula, Teutoburgo, Marathón y Termópilas entre otros. Desafortunadamente, el problema en Mesoamérica es que son difíciles de reconocer por diversos factores. Primero, los materiales arqueológicos susceptibles de ser recuperados son bastante fragmentarios, además de contar con un importante problema de conservación, ya que las armas son de madera y sólo es posible localizar los restos líticos asociados a la elaboración de estos artefactos.

Respecto a los restos óseos, nos encontramos con grandes dificultades para saber si había o no muertos en cierto tipo de campañas, como en las guerras floridas. Por otra parte, debido a la costumbre mexica de recolección de sus muertos, tampoco en las campañas de conquista tenemos evidencias de restos humanos. Por ello, un campo de batalla en época Prehispánica resulta difícil de reconocer, pese a que en algunos casos como en Otumba se ha creído encontrar este tipo de manifestaciones al ubicar una buena cantidad de materiales líticos, sobre todo puntas de proyectil, pero evidentemente queda sujeto a discusión.

Lo que la arqueología mexica sí nos ha dejado como un rico legado para el estudio y conocimiento de la guerra son sus bellas manifestaciones artísticas. En algunos ejemplos de cerámica pueden vislumbrarse las imágenes de personajes con atributos militares, aunque las manifestaciones con mayor número de ejemplares se encuentran sobre todo en la escultura en piedra donde podemos reconocer esta iconografía militar; pero no por ello, necesariamente, encontramos la imagen fiel y real del guerrero mexica en todos los casos.

En otros trabajos he tratado de puntualizar este tipo de manifestaciones donde los dioses ataviados como guerreros o guerreros con atributos de dioses se confunden en la iconografía representada en estos excelsos monumentos.

Con respecto a las armas arqueológicas es realmente pobre lo que podemos tener debido a que, como he mencionado antes, la madera, materia prima fundamental sobre todo en las armas de tipo ofensivo, ha desaparecido y no está disponible para nosotros en el registro arqueológico. Pocos ejemplares de átlatl han sobrevivido con las respectivas reservas alrededor de su autenticidad, los *macuahuitl* prácticamente son inexistentes, así como macanas, lanzas, etc. Por el contrario, sí se cuenta con un registro interesante de puntas de proyectil pero, como sabemos, el uso específico de cada una de ellas y sus variantes tipológicas son por demás desconocidas.

Pese a ello hay algunos argumentos a favor de haber reconocido las puntas de proyectil específicas para la guerra. Esta postura es defendida por Alejandro Pastrana quien argumenta haber reconocido un tipo particular de punta para este uso en especial, también nos habla con respecto a puntas de lanza de la siguiente manera: «Hemos encontrado un conjunto relativamente menor de preformas y algunas puntas en proceso de talla, que por sus dimensiones, forma y peso podrían tratarse de puntas de lanza a pie firme [...]». (Pastrana, 2007: 70)

En el caso de las armas ofensivas pasivas, es decir, del afamado *ichcachuipilli* no hay ningún ejemplar existente y para el caso de los escudos son sólo unos cuantos los que pueden ser contados con los dedos de la mano. Uno de ellos se encuentra en el Museo Nacional de Historia de la Ciudad de México. La mayoría, incluso podemos decir que todos estos escudos que han sobrevivido al tiempo, son de tipo ceremonial, ya que no necesariamente todos los escudos usados en el México antiguo eran para el combate.

Las evidencias óseas relacionadas con la guerra en Mesoamérica no han brindado tantos frutos como los investigadores quisiéramos. Al parecer existen en diversas colecciones del país evidencias de huellas de violencia en los restos óseos, pero no se han dado a la tarea de establecer un parámetro teórico de interpretación claro y mucho menos de desarrollar una publicación exhaustiva de estas evidencias. Este es un tema que está en proceso de investigación actualmente, ya que hay autores que han presentado algunos artículos, pero nada que en realidad tenga fuerza o gran impacto.

Para el caso mexica es un tema que está aún más fragmentado, ya que los restos óseos que conservamos en la actualidad son en realidad muy pocos; pese a ello, en las nuevas exploraciones de Tlatelolco se han localizado algunos elementos de gran interés que están en investigación y que valdrá la pena mencionar en los subsecuentes capítulos.

Hasta aquí podemos enlistar los elementos arqueológicos que parecen ser susceptibles de ser analizados y entender la cuestión de la guerra y sus diversos componentes desde la perspectiva de esta disciplina. Veremos el caso de otras fuentes que nos permiten ampliar esta cuestión, pues lo que la arqueología nos quita nos lo brindan otras materias.

Las fuentes escritas

> Aunque muchos han escrito en romance la conquista de esta Nueva España según la relación de los que la conquistaron, quísela yo escribir en lengua mexicana, no tanto por sacar algunas verdades de la relación de los mismos indios que se hallaron en la conquista, cuanto por poner el lenguaje de la guerra y de las armas que en ella usaron los naturales [...]
>
> *Historia general de las cosas de la Nueva España*
> Fray Bernardino de Sahagún

Así es como el afamado fraile español, fray Bernardino de Sahagún inicia la introducción al libro XII de su magna obra *Historia general de las cosas de la Nueva España*. Como bien lo ha dicho ya Fernando Quesada, resulta sorprendente la cantidad y calidad de las fuentes escritas españolas que describen con gran detalle y fidelidad las armas, formas de combate, entre muchos aspectos más de la guerra de las sociedades precolombinas de México. Sin embargo, no todas las fuentes que podemos considerar como crónicas españolas nos brindan la misma información a los investigadores modernos.

Son distintos los factores que debemos tomar en cuenta, por ejemplo, considerar cuál es la formación del individuo que está escribiendo la obra. Los frailes, sin ir más lejos, dedicaban la mayor parte de su labor a comprender las bases religiosas de los pueblos que iban a evangelizar, lo cual no quita que sea la guerra uno de sus temas de estudio. Por otra parte, no necesariamente la vivieron en carne propia como fue el caso de los conquistadores, por lo que su visión puede estar sesgada.

Una de las obras fundamentales para conocer las narraciones de algunas batallas, uso de armas e incluso rituales asociados a la actividad militar es la *Historia general de las cosas de la Nueva España* de fray Bernardino de Sahagún. A lo largo de sus doce libros podemos recuperar una serie de datos de gran riqueza, pero es sin lugar a dudas el libro XII, el dedicado a la conquista, el que nos aporta la mayor información en este sentido. Todo ello finalmente bajo la óptica de los vencidos, en este caso de la gente de Tlatelolco.

Otra de las grandes obras de los eclesiásticos es la *Historia de las Indias de la Nueva España e Islas de Tierra Firme* de fray Diego Durán. Este autor aporta también detalladas y completas narraciones de la historia militar mexica, acompañada de una serie de láminas que con el paso del tiempo fueron conformando finalmente un documento pictográfico conocido como *Códice Durán*.

«Del modo de pelear de los mexicanos, y de las órdenes militares que tenían», es así como titula uno de sus capítulos el padre Joseph de Acosta en su extraordinaria obra denominada *Historia natural y moral de las Indias,* en la cual se describe entre otras cosas, el arma predilecta de los ejércitos mexicas, el *macuahuitl.*

Muchas más son las obras de los frailes evangelizadores que nos dejaron como legado sus magníficos trabajos historiográficos, verdaderas enciclopedias del conocimiento del México antiguo en las que, como hemos visto, no podían faltar las descripciones sobre cuestiones bélicas, pero quizá no con tanto detalle y fidelidad como sucedería con los conquistadores, quienes al enfrentarse a estos grupos belicosos narraron por propia experiencia sus formas de combate.

Tres son los grandes narradores de estas hazañas épicas de la conquista, y no sólo utilizamos ese término en referencia a los mismos españoles sino también a los indígenas quienes defendieron sus tierras con ahínco. En concreto nos referimos a Hernán Cortés, Bernal Díaz del Castillo y el Conquistador Anónimo.

Del primero sabemos que era oriundo de Extremadura y que su formación no solamente fue de tipo militar sino académica, lo cual le llevó a desarrollar una descripción por demás distinta a las otras obras que hemos mencionado. Algunas de las más interesantes muestras de este tipo de análisis bélico de los antiguos mexicanos se muestra en referencias como la siguiente de Hernán Cortés en sus *Cartas de relación de la Conquista de México:* «[...] y otro día de mañana se pusieron de la una y de la otra parte del río gran número de indios y gente de guerra, con sus arcos y flechas y lanzas y rodelas, para defender la entrada de su tierra [...]».

Considero conveniente mencionar que la obra de estos cronistas militares debe tomarse con prudencia para poder reconocer no solamente el uso de armas sino lo que ya hemos mencionado como sistema de armamento, ya que la información no siempre es del todo completa; no obstante, desde mi punto de vista, la gran virtud que tienen este tipo de crónicas es lo que hasta ahora no se ha hecho: escudriñar en el patrón de los planteamientos tácticos de los ejércitos mexicas. Las *Cartas de Relación* así como la obra de Bernal Díaz, *Historia verdadera de la conquista de la Nueva España*, tienen especial énfasis en las batallas libradas y por lo tanto es posible reconocer, con las debidas reservas, dichos planteamientos.

Un ejemplo interesante sería recordar una curiosa descripción, registrada por Bernal Díaz del Castillo cuando narra cómo una de las batallas se libraba literalmente en medio de una lluvia de langostas. En ocasiones los españoles –cuenta Bernal– se protegían con sus escudos de la lluvia de flechas y cuando una flecha estaba cerca y la defendían se daban cuenta de que era una langosta y viceversa, la confusión los llevaba a pensar que una langosta se acercaba a sus cuellos cuando al darse cuenta estaban siendo atravesados por un dardo propulsor. Era una batalla librada entre una lluvia de flechas mimetizada con los insectos, cosa en verdad irónica: la naturaleza ayudando a la defensa del pueblo que alberga.

De los tres mencionados, el Conquistador Anónimo es el menos conocido, esto quizá se deba a lo deficiente de su obra, la cual consta únicamente de unas cuantas páginas, como sabrán aquellos que hayan tenido la fortuna de conocer una de las pocas ediciones de este trabajo. Sin embargo, no por ello carece de extraordinarios relatos que también permiten ayudar al investigador a reconocer muchos de los elementos de la guerra compleja que seguramente aún no han sido analizados bajo la óptica de este personaje.

Hay otro grupo de crónicas que, más que españolas debemos considerarlas de tipo híbrido. Es el de los indígenas mestizos quienes, como es el caso de los oriundos de la zona de Texcoco, finalmente expresaron bajo una visión patriota, si se puede nombrar así, los sucesos acontecidos en las diversas batallas de la historia militar mexica e incluso de la conquista.

Un especial ejemplo lo tenemos con Hernando Alvarado Tezozómoc, quien era, según algunos especialistas, sobrino-nieto de Moctezuma II. Su obra *Crónica Mexicana* y la posterior en náhuatl, *Crónica Mexicayotl,* la cual describe muchos acontecimientos de la historia militar mexica entre algunos otros temas que se entremezclan con poemas, genealogías, y costumbres. Es sin duda una obra indispensable para el conocimiento de la guerra en el México antiguo, pero nuevamente ha de ser leída con sus respectivos filtros de análisis historiográfico.

En resumen, el lector comprenderá la riqueza de estas y muchísimas otras que no estamos, por motivo de espacio, comentando en este apartado. Creo conveniente decir que si este tipo de obras se leen a conciencia, con los respectivos fundamentos teóricos de lo que en realidad se debe buscar alrededor de la guerra y sus componentes es viable extraer una información valiosa sobre la guerra en el mundo mexica. Puedo argumentar que muchos investigadores contemporáneos no saben que se puede obtener información que ni siquiera han pensado que pueda existir entre las líneas de estos autores.

No obstante, si bien la información de las fuentes escritas es abundante, podemos decir que están en un plano bastante pobre con respecto al avance en referencia al tema militar, tampoco podemos esperar encontrar todo en ellas, tienen sus limitaciones y por ello otras fuentes nos pueden ayudar a comprender muchos otros elementos que enriquezcan nuestra información. Tal es el caso de los documentos pictográficos, más conocidos como códices.

Los códices

La palabra códice, bajo el análisis filológico de la palabra deriva entre otras cosas de los términos 'codificar' o bien el de una tablilla donde se ha escrito.

Los llamados códices del México antiguo constituyen otra de las grandes riquezas que nos permiten acercarnos a los pueblos del México antiguo y, por lo tanto, a la sociedad mexica.

No necesariamente los documentos pictográficos que analizamos son de factura mexica. Parece un tanto extraño decir esto, sin embargo, la realidad es que los documentos que sobreviven son en su gran mayoría de elaboración posterior a la época Prehispánica, y qué decir de los llamados códices mexicas, bastante polémicos en realidad, sobre si todo el conjunto de documentos que nos permiten acercarnos al mundo mexica son realmente posteriores. Los tres que se consideran de verdadera elaboración prehispánica desde el ámbito mexica son: la *Tira de la Peregrinación,* la *Matrícula de Tributos* y el Códice Borbónico.

Sean o no prehispánicos, lo cierto es que conservan la verdadera tradición de los manuscritos precolombinos y la información que brindan para poder conocer algunos aspectos de la guerra en el mundo mexica es amplia pero a su vez restrictiva. Podría enumerar una gran cantidad de este tipo de documentos que, en lugar de llamarles códices mexicas, más bien podemos argumentar que son códices en donde su temática permite acercarnos al mundo prehispánico, sobre todo del Altiplano Central durante las últimas etapas de la historia mesoamericana y la entrada a la etapa colonial.

En esta lámina del *Códice Florentino*, libro XII, se aprecia
como los mexicas reutilizaban las armas españolas, sobre todo
espadas, durante las batallas en la conquista.

Entre esta gran variedad de documentos se
pueden mencionar: el *Códice Azcatitlan*, el Códice
Mendocino, el Códice Florentino, la *Matrícula de
Tributos,* todos los códices del llamado Grupo Borgia
y el Códice Magliabechano, entre muchos más.

Desde mi perspectiva, ¿cuáles serían las virtudes
y desventajas que puede tener el estudio de los códices para la investigación del fenómeno militar en el
México antiguo? La gran premisa que debemos abor-
dar es sin lugar a dudas cómo deben ser considerados

estos documentos: libros, obras de arte, pinturas. Quizá son un poco de todo y por ello dependiendo de la forma en que los abordemos obtendremos un tipo de información u otro.

Si los consideramos como libros, ello quiere decir, y efectivamente así es, que lo que se encuentra plasmado en ellos es escritura, o por lo menos una parte de ellos, por lo tanto el buen entendimiento de esta escritura nos puede brindar nombres de personajes importantes, identificación de batallas y/o conquistas relevantes, incluso de la expansión misma del Imperio mexica.

Si los entendemos como pinturas entonces se puede ver en ellos una serie de elementos icono-gráficos que nos pueden dar un acercamiento al tipo de armas que se usaban, los atavíos militares, rituales asociados a la guerra y sacrificio y en algunas ocasiones pueden llegar a representarse batallas por sí mismas.

Una de las problemáticas a las que nos enfren-tamos con este tipo de visión es el del sistema de representación. La variedad de formas de representar un arma, objetos militares, divisas puede variar de un documento a otro lo que evidentemente nos puede limitar e incluso modificar nuestras interpretaciones.

El *macuahuitl* puede aparecer representado en el *Lienzo de Tlaxcala* de una manera y en el *Códice Azcatitlan* de otra. ¿Cuál es la verdadera? ¿Tenía seis u ocho navajas? ¿Medía metro y medio de largo o setenta centímetros? ¿Era delgado o más ancho? ¿Estas respuestas podemos encontrarlas en los códi-ces? Como puede observar el lector, la representación iconográfica puede ser beneficiosa por un lado, pero es a su vez peligrosa durante el proceso de interpretación.

Una de las últimas fuentes de investigación que hasta ahora solamente el maestro José Lameiras consideró para su estudio de manera más amplia es la lingüística. Esta representa una fuente muy importante de investigación, ya que de ella en combinación directa con los documentos escritos podemos obtener los nombres asociados al sistema de mando, que como veremos todavía presentan a día de hoy un problema de claridad para definir la cadena de mando con mayor precisión.

En algunos otros casos la lingüística permite conocer el nombre de algunos artefactos, sobre todo de las armas y que no necesariamente tienen su contraparte arqueológica o iconográfica en los códices. Así el caso de las armas, las cuales aparecen con muchos nombres y que no han sido del todo definidas en torno a su morfología, registro gráfico y mucho menos arqueológico, lo que me hace suponer, como ya apunté en otro trabajo, que el arsenal indígena es mucho más amplio de lo pensado o siquiera conocido. El estudio alrededor de la cuestión lingüística, de la cual sacaremos algunos datos interesantes líneas más adelante, espera ser analizado en profundidad.

Los estudios sobre la guerra entre los mexicas han sido muchos, pero sin embargo no se ha avanzado de manera significativa en esta materia. Veremos en nuestro siguiente capítulo las grandes repercusiones que han limitado la falta de un fundamento teórico bien establecido para el balance de esta materia.

IV

Formas de ver la guerra
en el México antiguo

Desde hace ya varios años he insistido en mis
diversos trabajos sobre la gran contradicción en la
que han caído muchos de los colegas mesoamerica-
nistas al tratar de explicar cuestiones relacionadas
con la guerra mexica. Sin demeritar a la llamada
vieja guardia, creo que valdría la pena poner un
pequeño ejemplo al respecto. Debemos entender
que también existen algunos aspectos de la forma
de llevar la guerra en este pueblo que aún no han
sido resueltas y, por lo tanto, continúa abierta la
discusión al respecto. Pero veamos el siguiente
caso:

> Primero descargaban sus proyectiles los arque-
> ros y los lanzadores de dardos, y después los
> guerreros armados de macanas y escudos se
> lanzaban al asalto [...] Pero cuando los guerreros

se ponían a luchar cuerpo a cuerpo, la batalla adquiría un aspecto completamente diferente del que tendría cualquier batalla de nuestro mundo antiguo. Porque el guerrero mexica no trataba tanto de matar enemigos cuanto de capturarlos para sacrificarlos.

Jacques Soustelle

Este texto refleja la falta de madurez (con todo el respeto que merece el autor de la valiosa obra *La vida cotidiana de los aztecas en vísperas de la conquista*) al interpretar la guerra mexica. El texto en sí tiene un tanto de verdad pero encierra al mismo tiempo una contradicción. Si se supone que los guerreros gastaron su arsenal de armas arrojadizas, y después llegaron los guerreros con macanas (como él les llama) entonces a quién van a capturar si se supone que «el guerrero mexica no trataba tanto de matar enemigos cuanto de capturarlos para sacrificarlos». Como podemos observar, esto resulta ilógico y se deriva de la creencia de los investigadores de la vieja guardia (e incluso de muchos estudiosos actuales) de que la guerra florida se compone de combates con armas que extrañamente no matan y permiten capturar al enemigo vivo para llevarlo al sacrificio, lo cual es bastante paradójico.

No se requiere ser un experto en culturas mesoamericanas para saber que un flechazo en el cuerpo o un buen golpe con un *macuahuitl* puede dejar al oponente gravemente herido y seguramente podían llegar a ocasionar la muerte. Nos preguntamos entonces cómo podían hacer los guerreros mexicas para utilizar sus armas con un efecto tan poco devastador como para evitar que su oponente muriera y llegara a ser capturado al cerrar filas. Obviamente no hay respuesta a una pregunta tan ingenua, la realidad está no en el diseño y/o uso de las armas sino en los objetivos mismos de las campañas militares. ¿O es que acaso las fuentes pueden reflejar los aspectos técnicos del uso de las armas mesoamericanas con todo lujo de detalle para poder asegurar con qué tipo de golpe y cómo hacerlo para herir de manera leve al oponente y capturarlo?

Realmente los objetivos de dichas campañas pueden ser vislumbrados en tres tipos:

- Guerras de conquista
- Guerras rituales
- Combinación de ambas

LAS GUERRAS DE CONQUISTA

Siempre se ha hablado del famoso Imperio mexica, que a base de sangre y guerra expandía sus dominios por toda Mesoamérica. Cabría añadir varios puntos al respecto. Si efectivamente se trataba de un imperio (no es la intención en este libro debatir este concepto) era necesario ese motor militar para su expansión. No obstante, hemos de tener en cuenta que los mexicas no buscaban someter políticamente a sus conquistados, por lo menos no en todos los casos.

Más bien se buscaba la obtención de un tributo que finalmente llegaría a las esferas burocráticas más altas, y pobre de aquel que se negara a pagarlo, pues sería motivo de la destrucción total del pueblo; no interesaría en este caso la captura de prisioneros para el sacrificio, ¿o sí? Algunos autores como Kobayashi aseguran que los prisioneros obtenidos de estas campañas no tenían la importancia de los capturados en las campañas floridas, ya que como sabemos la obtención de cautivos era un asunto crucial en ambos tipos de campaña, pero muy probablemente se tomaban con distinto valor.

El asunto del tributo y la relación con los componentes políticos de la Triple Alianza ha sido motivo de infinidad de trabajos, entre ellos uno de los más completos está en los estudios de Pedro Carrasco, Luz María Mohar y Frances Berdan y partimos de ellos pues, como sabemos, los mexicas de la Tenochtitlan posterior al año de 1428 salen del yugo tepaneca y conforman una alianza política con otros dos señoríos o *tlatocáyotl* que habían apoyado en esta empresa: Texcoco y Tacuba, conformando así la llamada Triple Alianza o *Excan Tlatoloyan*. La distribución del tributo obtenido en las campañas militares tenía una relación de tipo evidentemente político, militar e incluso religioso.

En el caso de Texcoco, la población estaba bajo la misma posición que Tenochtitlan, mientras que Tacuba, aunque era parte originalmente de los tepanecas, se integra en esta alianza a manera de traidores, pero finalmente conservan su idendidad como tepanecas ya que se llega al acuerdo de que le toque una parte mínima del tributo obtenido.

Esto también estaba en función de quienes actuasen en las campañas militares, pues había casos en que sólo Tenochtitlan, el cual por cierto era casi siempre el que comandaba los ejércitos por completo, podía llevar a cabo sus propias campañas sola o con ayuda de uno o ambos miembros de la Triple Alianza.

Cada uno de los *tlatocáyotl* o señoríos que conformaban la Triple Alianza dominaba cerca de diez reinos aproximadamente o incluso más según diversas fuentes. Avanzada la etapa imperial, los mexicas colocaban algunas guarniciones militares (de las que hablaremos más adelante) que estaban al mando de un gobierno impuesto por los mismos mexicas.

Así, los máximos objetivos de esta campaña eran, sobre todo, la obtención de tributo y de paso la verdadera expansión del imperio. Pese a la confusión creada al respecto, aunque gran parte de las campañas floridas tuvieran fines políticos, con estas se lograba la expansión imperial, ya que esta se limitaba a un territorio.

¿Qué es lo que generalmente se solicitaba como tributo? Esto dependía de la resistencia que daba cada uno de los señoríos a ser sometido. Existían diversos motivos para declarar la guerra y solicitar el tributo a dichos reinos. El llamado *casus belli,* es decir, los motivos por los cuales los mexicas declaraban la guerra a un señorío era sobre todo por:

71

- Muerte de mercaderes mexicas
- Muerte u ofensa a embajadores
- La no aceptación del pago de tributo

La muerte de mercaderes está reflejada en algunos documentos como el *Códice Mendocino* en el cual se representó a un *pochteca* alanceado por dos guerreros enemigos. La muerte u ofensa de un embajador también podía ser causa de ello. Debemos recordar como Tlacaélel sirvió de embajador al llevar la declaración de guerra a los tepanecas en la guerra de 1428. Si bien la guerra ya estaba dada, el señor de Azcapozalco no le permitía salir del palacio y tenía intención de asesinarlo, sin embargo logra escapar mediante una serie de tretas.

De todas las causas suficientes para declarar la guerra, en este caso la guerra de conquista, la más importante a mi juicio, más que el sometimiento político o territorial, era el impago del tributo, por ello, el que no se cumpliera esta demanda del Estado mexica sin duda era motivo de sufrir una guerra de exterminio.

Si un señorío era renuente al pago solicitado se le invitaba dos veces más a cumplirlo y en caso contrario se le hacía la guerra. Cuando a la primera llamada el enemigo consideraba que su mejor opción era el pago de tributo solicitado, no se les confería una carga tributaria tan onerosa y se le solicitaba sólo lo justo y productos que no tuvieran gran problema en producir u obtener, pero a aquellos que después de la tercera solicitud no accedían y se les tenía que hacer la guerra, era común que se les exigiera una carga tributaria fuerte y en algunos casos difícil de conseguir. Por ejemplo, si un señorío era especialista en la producción de algodón no necesariamente se le pedía este producto sino todo lo contrario, es decir, aquello que le era de difícil acceso a su población y debía obtenerlo lo antes posible de otras partes.

Los recaudadores de impuestos iban aproximadamente cada ochenta días a la recolección de esa carga tributaria, y para ello el Estado mexica contaba con una importante infraestructura liderada por el *huey calpixqui* o recaudador de impuestos.

No podemos argumentar en el caso de las guerras floridas un verdadero *casus belli* ya que era un combate acordado, y aquel lo resumimos a la serie de fundamentos sociales, ideológicos y en cierta manera políticos que había detrás.

Ya veremos como se establecía ceremonialmente una declaración de guerra. Dada la declaratoria y la respectiva aceptación de la misma por el señorío enemigo, el campo de batalla estaba realmente establecido de forma intermedia entre ambas ciudades, llamado *yaotlalli* o bien a las afueras de la ciudad a vencer donde el ejército contrario esperaría a sus enemigos, en este caso las filas mexicas.

Primeramente se debían hacer los preparativos como era el contar con los suficientes recursos para el ejército. Esto consistía entre otras cosas en que se le proveyera de mucho maíz en diversas formas: tostado, en tortillas, en harina, frijol, chile, pepitas, ollas de cerámica, rodelas, espadas, etc., para llevarlos al lugar de la batalla. Como podemos observar, era el gobierno quien distribuía para la guerra estos menesteres derivados de lo que las cargas tributarias enviaban al Estado mexica constantemente.

Por otro lado, el *tlatoani* mandaba traer a sus *calpixques* o «recaudadores de impuestos» para que distribuyeran en las provincias principales algunas armas y demás elementos necesarios dentro de la logística.

Cuando todo el ejército estaba perfectamente equipado se iniciaba la marcha y, a juicio de autores como Ross Hassig, podían llegar a avanzar hacia tierras enemigas cerca de veinte kilómetros diarios, aspecto bastante discutible, como analizaremos unas líneas más abajo. Por otro lado, se sabe que una comitiva de sacerdotes iniciaba la marcha un día previo. Después, capitanes y gente de la primera cadena de mando se adelantaba y por detrás quedaba todo el resto del ejército. Si se trababa que marcharan como una fuerza aliancista de la *Excan Tlatoloyan* un día separaba a las fuerzas de cada uno de manera que iniciaba Tenochtitlan, después Texcoco y al final Tacuba.

Como vemos, el asunto de las guerras floridas y las de conquista tiene hipotéticamente una serie de parámetros muy distintos en muy diversos factores, entre ellos a la hora de tratar de reconstruir las batallas más importantes y reconocer a través de las fuentes escritas los planteamientos tácticos de los ejércitos en disputa. En muchas ocasiones, las batallas se narran de forma general y sólo con un análisis cuidadoso es viable reconocer los planteamientos y las formas de combate desarrolladas en ellas.

Ya veremos algunos casos como la batalla de Azcapozalco, donde Texcoco tuvo un papel preponderante en el conflicto. En otros casos los mismos *tlatoque* perfectamente especifican que no quieren que haya bajas en el ejército contrario sino que únicamente sean capturados para el sacrificio, mucho de esto será analizado en capítulos posteriores.

Por otro lado sabemos que cada uno de los señoríos que conformaban la Triple Alianza tenía a su cargo un cierto número de provincias para ser sometidas y quienes a su vez les designaban cierta cantidad de tributo. Resulta interesante que la famosa *Matrícula de Tributos* sea un documento que represente los diversos pueblos sometidos y las cargas tributarias designadas. No obstante plantea cierta problemática, pues no se sabe si este documento se refiere sólo a Tenochtitlan en concreto o a la Triple Alianza.

LAS GUERRAS FLORIDAS

Un tipo de conflicto militar muy distinto de lo que en cierta manera debemos comprender para las sociedades mesoamericanas previas al mundo mexica son las llamadas guerras floridas o guerras rituales que no buscaban ni ampliar las fronteras, ni un tributo específico, ya que la tradición que los mexicanos conocemos desde pequeños indica la captura de prisioneros para el sacrificio como objetivo primordial, lo cual permitía también, desde la posición social, una movilidad que entre la clase mas baja, los *macehualtin,* les brindaba el ascenso en función del número de cautivos logrado en la hipotética batalla.

Una vez más, invito a la prudencia a los colegas cuando afirman que las guerras rituales permitían ampliar las fronteras. Si bien es cierto que al no aniquilar ni someter políticamente a los conquistados se podría pensar que los pueblos con quienes se lleva a cabo este tipo de conflicto se integren directamente en el imperio, hemos de tener en cuenta que, por el contrario, eran entidades políticas independientes que eran difíciles de integrar al imperio por vía militar y de acuerdo con algunos autores como Ross Hassig era más bien una forma de mantener a este tipo de señoríos a distancia.

Otros autores consideran que las guerras floridas servían para mantener activos a los guerreros y que en ellas participaban sobre todo guerreros de cierta experiencia que se mantendrían en forma aunque finalmente quienes requerían de los cautivos para la verdadera movilidad social eran los más jóvenes.

Son recurrentes los pasajes en las crónicas que hacen referencia a la importancia de la captura de prisioneros para sacrificar y sobre todo para el asenso social. Véase este ejemplo de la magnifica obra de fray Bernardino de Sahagún:

[...] Mira que te valdría más perderte y que te cautivasen tus enemigos, que no que otra vez cautivases en compañía de otros, porque si esto fuese pondrían otra oreja, que parecieses muchacha, y más te valdría morir que acontecerte esto. Y esto era grande afrenta para el tal y con esto se esforzaba a arrojarse contra sus enemigos para (que) siquiera en compañía cautivase a alguno [...]

Historia general de las cosas de la Nueva España
Fray Bernardino de Sahagún

Esto presenta una serie de factores muy interesantes que deben razonarse con cautela. Entre otros, supondría que la captura de estos prisioneros se llevaba a cabo en lugares no tan apartados de Tenochtitlan, pues ello representaría para el Estado mexica un gran inconveniente al mantener a estos cautivos vivos, en buen estado, alimentados y en general sanos, en los días posteriores a la batalla. Igualmente el traslado de los mismos también debería representar un coste que no convendría si los enemigos estuvieran en distancias muy alejadas de la ciudad.

De esta manera, los señoríos con quienes se tenía esta especie de pacto mediante el cual se llevaban a cabo este tipo de conflictos serían Tlaxcala, Huexotzingo, Atlixco, Tecóac, Cholula y Tiliuhquitepec. Por lo tanto, fuera de los combates que se libraban con estas seis provincias todos los demás conflictos con otros señoríos estaban ligados a las guerras de conquista y verdadera expansión.

Considero que para desarrollar un buen planteamiento de los factores tácticos de este tipo de combates tan polémicos, se deben estudiar con detalle las batallas que se narran alrededor de estos señoríos con los mexicas y sobre todo a partir del reinado de Moctezuma I quien junto con Tlacaélel supuestamente ideó este tipo de conflictos, aspecto que trataremos en el debido capítulo. Un extraordinario ejemplo de análisis de este tipo de batallas floridas se refleja en la batalla de Tlilhuiquitepec que describiremos después.

Por estas razones se piensa que estratégicamente se buscó un lugar que, además de representar políticamente un señorío difícil de someter, como es el caso de Tlaxcala y Huexotzingo, también estuviera emplazado en un lugar que permitiera traer muchas veces al exagerado número de cautivos a Tenochtitlan bajo los estrictos estándares antes mencionados. Es muy importante que el lector tome en cuenta este tipo de detalles que nos servirán como antecedente para comprender mis posturas alrededor de los posibles planteamientos tácticos en campo de batalla de uno u otro tipo de contienda.

El fin último de las guerras floridas encontraría su clímax al momento mismo de llevar a cabo el ritual del sacrificio humano bajo sus más diversas formas, para ello he de recomendar al lector los trabajos de la doctora Yólotl González Torres y de Michael Graulich, así como la nueva publicación del INAH que sigue los trabajos del Congreso sobre Sacrifico Humano celebrado en el Museo del Templo Mayor. Desde la perspectiva de la antropología física recomiendo al lector los estudios de Ximena Chávez, quien ha detectado que buena parte de los personajes sacrificados son individuos de entre veinte y treinta años de edad, es decir, una edad que corresponde al ideal de un guerrero en activo.

El gran problema al que se enfrentan los investigadores es descifrar, a través de las fuentes escritas, la fusión de ambos tipos de guerra: la florida y la de conquista, ya que en este tipo de fuentes sólo se habla de guerras y del sometimiento de enemigos para el sacrificio sin que necesariamente se especifique a qué tipo de conflicto se refiere.

Se llama la atención sobre los constantes cautivos que llegarán al sacrificio, aun cuando se trate de guerras de conquista. ¿En qué podría radicar la diferencia entre un tipo de contienda y otra? Sencillamente, desde mi punto de vista, podemos hablar de guerras de conquista cuando el objetivo era someter por completo al ejército contrario y devastar a su población. Pese a todo ello, un buen indicador para establecer las bases distintivas entre una guerra u otra es identificar los detalles que se narren en las seis provincias con que se tenía el pacto, pero debemos recordar al lector que en varias ocasiones las fuentes pueden ser limitadas o incluso no destacar este aspecto, tal es el caso de Tezozómoc que en la batalla de Tliluhquitepec no da gran detalle.

Ya iremos analizando estos casos, pero lo que nos queda claro es que no sólo los objetivos de las campañas serían distintos, evidentemente la estructuración del ejército, el uso de armas, los sistemas de armamento, las unidades específicas y lo más polémico: el planteamiento táctico de un tipo de campaña a otro es hipotéticamente distinto, por lo menos esa es mi postura y es uno de los principales puntos de investigación que falta por analizar y que trataremos de exponer en este trabajo, mas no consideramos que sea definitivo sino una posibilidad de avance en estos estudios, ya que un estudio exhaustivo supone muchos años de contraste de las fuentes escritas, análisis historiográfico y de otras ramas de las ciencias de la Antigüedad que analizan el mundo mexica.

Vamos a hacer un pequeño paréntesis para aclarar que estas formas de hacer la guerra son típicas del mundo mexica y no podemos aplicarlas así sin más a otras áreas y culturas mesoamericanas, sobre todo si son anteriores al Imperio mexica, este es otro de los errores en los que caen algunos colegas.

Resulta claro que si para el caso mexica, donde contamos con una mayor cantidad de fuentes de investigación, es un factor difícil de investigar, en otras sociedades donde el conocimiento se basa exclusivamente en la arqueología es mucho más complejo, por lo que la buena aplicación de las teorías vistas en los capítulos anteriores puede servir de gran ayuda.

Ello representa que no podemos hablar de guerras floridas en casos como el mundo tolteca, teotihuacano u otro tipo de manifestación militar de las sociedades del México antiguo. Se debe tener cuidado con ello aun cuando el conocimiento mexica ayude a tener ciertas ideas de aquellas donde la información es mucho más pobre.

Por ejemplo, fray Bernardino de Sahagún narra que los mexicas comenzaban a pelear, y luego capturaban a varios enemigos que finalmente sacrificaban y claramente dice: «habiendo hecho la victoria, y sujetando aquella provincia contra que iban, luego contaban los cautivos que habían tomado, y los que habían sido muertos de los suyos».

¿Hasta dónde la fusión de un tipo de campaña con otra puede ser conocida por las fuentes de investigación antes comentadas? Es probable que se tenga que ver caso por caso, campaña por campaña con el debido contraste de las fuentes y analizando los diversos motivos políticos que en concreto llevaron a los diversos tlatoque a desarrollar ciertas guerras.

Es decir, si analizamos las líneas de fray Bernardino de Sahagún reproducidas más arriba, observamos que nos está hablando de una guerra de conquista donde un señorío en disputa finalmente ha sido sometido, pero en cuya batalla hubo cierto número de cautivos que irán al sacrificio así como una cantidad importante de bajas en el ejército. Sería prudente preguntarse si no se supone que los cautivos de guerra de los combates rituales serían los que irían al sacrificio y, por lo tanto, tendrían gran importancia en la movilidad social.

En muchas narraciones de los conquistadores y frailes se hace notar esta obsesión por la captura de prisioneros en todo tipo de combates, pero se nos plantean interrogantes sobre en qué momento son guerras floridas y cuándo son de conquista. Si el padre Sahagún narra una batalla florida, porque habla de «los que habían sido muertos de los suyos», el contexto de estas líneas habla solamente de «del aparato, y orden que usaban para acometer en la guerra» en su libro VIII, capítulo XVII. Otras cuestiones, que deberían ser motivo de interesantes debates, también nos quedan en duda, como, por ejemplo: cuándo son guerras de captura únicamente, cuándo está permitido matar a tu oponente, en qué situaciones los cautivos tienen un valor tan profundo como el de las guerras floridas o si hubo siempre cierta fusión de este tipo de combates y en algunas ocasiones se pasaba de un tipo de campaña a otro, con un cambio de estrategia y planteamiento táctico en el combate.

De estos interrogantes y su polémica trataremos más adelante, con el objetivo de analizarlos concienzudamente y proponer algunas hipótesis para reconocer si existen patrones de combate en el ejército mexica y en cada caso saber si hay un patrón en las guerras floridas y cuál es el papel de las armas.

V

La estructura del ejército

La historia del pueblo mexica ha sido generalmente dividida en dos partes: la etapa de la peregrinación que va de 1111 d. C. en el Posclásico Temprano, hasta el año 1428 cuando los mexicas, junto con otros señoríos, crean una alianza para salir del yugo tepaneca e iniciar así su verdadera independencia. La segunda parte de esta historia es de 1428 hasta la llegada de los conquistadores españoles y la caída de México-Tenochtitlan y México-Tlatelolco respectivamente en el año de 1521; a esta etapa se le denomina imperial.

Como podemos darnos cuenta, la historia de los mexicas es en realidad bastante corta comparada con toda la historia mesoamericana, apenas un fragmento en la larga línea del tiempo que abarca. Sin embargo, es un período muy rico en información y para nuestro tema en cuestión, el desarrollo y estructura del ejército están evidentemente relacionados con la organización social y la organización política de los mexicas en tal proceso histórico.

No podemos hablar propiamente de ejército en los inicios de su historia, obviamente no del mismo que años después se dedicó a la conquista de vastas regiones mesoamericanas. Ya habíamos comentado que la forma de organizar institucionalmente a un cuerpo especializado de individuos con diversos objetivos dentro de la carrera castrense puede ser definida como la estructura misma del ejército. Por ello nos preguntamos si realmente se puede hablar de un ejército mexica, si este tenía cierto carácter profesional y cuál fue su origen y estructura. Tratemos de dar algunas respuestas a todo esto.

El origen del ejército mexica

Si queremos conocer el origen de este ejército debemos remontarnos por lo menos al inicio de la polémica peregrinación, la cual en sí misma conlleva fuertes inconvenientes en su estudio debido a la falta de fuentes de investigación fidedignas. Ya he mencionado anteriormente que el problema radica en que en la historia y concretamente en la etapa de la peregrinación, se mezclan elementos de la historia y del mito, lo cual representa para nosotros un gran problema al momento de definir el origen del ejército, sus objetivos y su estructuración.

La historia nos dice que en el año de 1111 un grupo de personas de habla náhuatl salió de un mítico lugar llamado Aztlán. Se suponía que estos individuos estaban sometidos a un segundo grupo del que ya no tenemos más noticias, pero que para nosotros son mejor conocidos como mexicas. Esta salida está tradicionalmente vinculada con un personaje que originalmente debió ser una persona de carne y hueso, un posible caudillo que, con el paso del tiempo fue deificado. Es por todos conocido como la deidad patrona de los mexicas, Huitzilopochtli, poco conocido como Mexi quien designará a sus protegidos como mexicas, es decir, «los seguidores de Mexi».

Independientemente de todos los elementos míticos e históricos que representa el inicio de este pasaje del mundo mexica, nos interesa saber, desde la perspectiva de la antropología y de la historia, cuál era el tipo de organización social de este pueblo y si de alguna manera tenían un conocimiento de la actividad militar en ese momento.

En un trabajo anterior traté de definir cuál era el origen del armamento mexica (Cervera, 2007: 75-80). Una de las conclusiones a las que llegué, aunque debo advertir al lector que nunca las consideré como definitivas, era que los mexicas en realidad no habían inventado ningún arma, sino que por el contrario eran herederos de una larga tradición mesoamericana y que quizá era el *macuahuitl* una posibilidad, pero quedaba en discusión, y esta es una cuestión que aún sigue sin resolverse (Cervera, 2006; Cervera, 2007: 75-80).

La representación de Áztlan, el mítico lugar de origen mexica en una de las primeras láminas del *Códice Aubin, lám.* 3 r.

Por lo menos en el transcurso de la historia mexica podemos clasificar la historia del ejército mexica en tres etapas:

- Origen del ejército
- Etapa de mercenariado
- Ejército imperial

El origen es precisamente este momento que va desde por lo menos el año 1111 hasta su llegada a la Cuenca de México, así como sus enfrentamientos con los demás pueblos, sobre todo al fundar su ciudad en el año 1325. En esta etapa se supone que el tipo de organización social no está del todo definida ni considerada en realidad como estatal. La base radica en que es una sociedad más o menos de tipo igualitaria en la cual un grupo de ancianos o sacerdotes *(teomamas)* eran elegidos como los dirigentes, basado en el sistema de *calpulli,* ello significa un grupo de individuos que están ligados por medio de un ancestro común. Se supone que al llegar al islote y fundar la ciudad, la base de la organización estatal de alguna manera descansaba en ese origen del *calpulli* que permitiría estructurar sus miembros en lo que después los españoles llamarían barrios.

No debemos confundir esto con lo que se entiende como barrio entre los españoles, concepto que se generará mucho después. En este momento, los mexicas ya conocían diversas armas que utilizaban sobre todo para la cacería como es el caso del átlatl, el arco y flecha y escudos. Sin embargo, aunque de alguna manera ya tenían algún tipo de conocimiento sobre asuntos militares, por lo menos para defenderse de sus agresores durante su peregrinación, aún no existía una cadena de mando específica como se podrá ver en otros momentos de su historia.

Sobre todo es explicable porque si hablamos de una sociedad igualitaria los estamentos sociales y la jerarquía militar podrían pensarse como inexistentes, pero no por ello podemos eliminar la idea

de un grupo de guerreros que permitieran la custo-
dia de las caravanas de viaje. Es decir la división
social estaba en función del sexo, edad y el trabajo,
pero un trabajo que aún no era especializado.

Resulta innegable pensar que desde estos
tiempos los mexicas ya eran guerreros, sin embargo
no contaban con una organización realmente
compleja, aunque algunos autores como Carlos
Martínez Marín aseguran que ya utilizaban insignias, banderas y adornos de papel que posiblemente estarían asociados a un primigenio sistema
de mando, pero que por el tipo de organización
social resulta ilógico.

Son diversos los enfrentamientos que tuvieron
los mexicas a lo largo de su peregrinación, y que
seguramente, como argumenta José Lameiras, les
fueron dando experiencia lo cual, se fue aunando
a su carácter ya de por si férreo. Sin embargo, es a
su entrada a la Cuenca de México donde realmente
comienzan sus verdaderas proezas al ser constantemente hostigados por los pueblos ya asentados.

En varios documentos como el *Códice
Azcatitlan,* se hace alusión a una serie de batallas en
la zona de Zumpango, pero el más famoso enfrentamiento es el que se suscita en Chapultepec.

Había mencionado en otro trabajo (Cervera,
2007), que es quizá en este momento cuando los
mexicas establecen algunos de los pormenores
de lo que después será la polémica ciencia de la
poliorcética en Mesoamérica, pues con una serie
de albarradas de piedra se recogieron y fortalecie-
ron en el cerro.

Si bien en uno de nuestros siguientes capítulos estableceremos algunos pormenores de los planteamientos tácticos de algunas de las más famosas batallas mexicas, podemos aproximarnos y hacer un intento por esclarecer el problema de la famosa batalla de Chapultepec, la cual a veces es confundida con su homóloga del siglo XIX —que es más conocida— en tiempos de la intervención norteamericana y los *niños héroes* que la versión mexica.

Las fuentes de investigación de esta batalla son variadas pero al mismo tiempo poco confiables. Hay sobre todo fuentes escritas que en cierta manera ayudan a comprender parte de los sucesos ocurridos y, hasta cierto punto, los problemas tácticos a los que se enfrentaron. Sin embargo, no son del todo fidedignas ya que muchas de estas fuentes fueron de alguna manera destruidas durante el reinado de Izcóatl. Recordemos que toda la etapa de la migración se funde entre el mito y la historia.

No debemos olvidar que hay algunas representaciones pictográficas como la lámina 9 del *Códice Azcatitlan,* del mismo modo, arqueológicamente se tiene información de asentamientos mexicas en la zona de Chapultepec, pero que sin embargo es muy difícil hablar de un campo de batalla de ese momento.

Fue el malvado Cópil quien instigó a las huestes asentadas a presentar batalla a los mexicas, pues recordemos que los mismos mexicas habían abandonado en Malinalco a su madre Malinalxóchitl y ese era el motivo de su venganza. Durante la

La batalla de Chapultepec representada en el *Códice Azcatitlan.*

batalla, según autores como Joseph de Acosta, Cópil fue asesinado, pero de igual manera los enemigos capturaron y aniquilaron a su caudillo Huitzilíhuitl, y huyeron desde Chapultepec hasta la zona de Culhuacán.

Las fuentes históricas mencionan que Cópil, hijo de Malinalxóchitl, movilizó a la gente de varios señoríos de la zona para aniquilar a los recién llegados mexicas. Entre algunos de los que acudieron a la batalla fueron los tepanecas de Azcapozalco, Tacuba, Coyoacán, Xochimilco, Culhuacán y Chalco.

Se dice que Huitzilopochtli avisó a sus protegidos y fueron a dar al cerro del Tepetzingo, donde

La realidad del *teocalli* de la Guerra Sagrada, una escultura de factura mexica de la etapa imperial, deja constancia del glifo de la guerra florida, *Atl-tlachinolli*, en lugar de la tradicional y emblemática serpiente que aparece en el escudo nacional mexicano.

Cópil estaba resguardado esperando el fin de los mexicas. Aniquilaron a Cópil y le sacaron el corazón para depositarlo en la laguna, de donde surgiría el famoso nopal donde se posó el águila que sería el símbolo divino del mandato de Mexi o Huitzilopochtli.

La muerte de Cópil movilizó las tropas enemigas que estaban más embravecidas, de forma que cercaron el cerro de Chapultepec con efectos de matar a los mexicas. Durante el combate, los mexicas se replegaron a un lugar llamado Atlacuihuayan, donde según algunas fuentes inventaron el lanzadardos. Evidentemente esto es un dato por demás falso, ya que en realidad esta arma no se inventó ahí sino que fue adoptada por los mexicas derivada de una larga tradición mesoamericana.

Para este entonces, había un personaje llamado Huitzilíhuitl, quien comandaba el ejército y en sí la trayectoria de peregrinación que habían llevado desde hacía ya muchos años, de ser cierta esta historia. En aquel entonces nos narra Durán:

> Electo el capitán general de esta gente (Huitzilíhuitl), mandó que por toda la frontera de aquel cerro se hiciesen muchas albarradas de piedra [...] donde todos se recogieron y fortalecieron, haciendo su centinela y guardián de día y de noche [...] aderezando flechas, macanas, varas arrojadizas, labrando piedras, haciendo hondas para su defensa [...].
>
> *Historia de las Indias de la Nueva España e islas de la Tierra Firme*
> Fray Diego Durán

Tiempo después es capturado y aniquilado, poco antes de llegar a la zona donde se supone que inventan o quizá yo interpretaría, adoptan el átlatl aunque sabemos por otros documentos como la *Tira de la Peregrinación* que desde antes ya conocían este artefacto.

Poco a poco los mexicas se fueron movilizando en el proceso de las batallas hasta finalmente llegar a Culhuacán donde solicitaron a su señor que les brindara un lugar seguro para asentarse y desarrollar su ciudad.

Al llegar ahí, finalmente los señoríos que dominaban la Cuenca de México en ese entonces eran sobre todo Culhuacán y Azcapozalco, los amos de esa región. Por lo tanto, los mexicas buscaban asentarse en lugares que pertenecían a aquellos. En ese momento, el señor de Culhuacán los manda a Tizapán, un sitio lleno de serpientes y animales ponzoñosos con la idea de que fueran presa del veneno de estos animales, pero para su sorpresa,

Un segundo ejemplo de la representación de la batalla de Chapultepec, en esta ocasión en las láminas del padre Durán, lám. 5.

93

los mexicas se alimentaban de ellos y encuentran así un sitio donde establecerse.

Una vez fracasados sus planes y verse sin otra alternativa, el señor de Culhuacán los recibe en sus tierras. Es quizá a partir de entonces cuando podemos comenzar a hablar de un cambio en el desarrollo de lo que después será el ejército mexica. Realmente en este momento aún contaban con el tipo de organización social antes descrita y obviamente no podemos imaginar a los grandes guerreros águila y jaguar de la etapa imperial; pronto se inició una fase más de experiencia: la etapa del mercenariado.

Precisamente como los mexicas no tenían otra opción más que la de asentarse donde los demás pueblos les permitieran hacerlo, era su obligación pagar por la hospitalidad de los que realmente eran sus opresores, y una parte importante de este pago era el servicio de mercenariado.

Como apuntamos anteriormente, la cuestión del mercenariado no se ha estudiado a fondo en el México antiguo. El mercenariado implica que un grupo de guerreros a cambio de tierras o una paga en específico, se dedicará a entablar combate de la mano de ciertos pueblos, sin necesidad de que sea el propio, es decir, no existe de antemano un concepto de nacionalismo sino por el contrario, pelean ante el mejor postor y se ubican como tropas auxiliares pagadas.

En este caso ni siquiera había postores, no les quedaba otra alternativa y en la realidad el señor de Culhuacán más que por cobrarse su hipotética hospitalidad, realmente buscaba una manera definitiva de deshacerse de su competencia y de los indeseables mexicas. Ello quiere decir que el señor de Culhuacán utilizó a los mexicas ya no como mercenarios, sino como verdadera carne de cañón.

Algunos ejemplos de las batallas donde los mexicas participaron como mercenarios y en realidad obligados por la gente de Culhuacán a prestar batalla fue contra la gente de Xochimilco. Así lo narra fray Juan de Torquemada cuando los conflictos bélicos estaban latentes entre el señorío de Xochimilco y de Culhuacán:

> Verdad sea que aunque el intento de culhua fue traer más gente en su favor y ayuda con cuya fuerza venciese a sus enemigos, fue también intento de que si en la batalla morían los culhuas, muriesen también los mexicanos [...] pidieron que les diesen armas con qué pelear, porque ellos no las traían ni tenían. El capitán no se halló con ellas (o no quiso dárselas) les mandó que saliesen al campo como pudiesen y que en defenderse sin ellas mostrarían su esfuerzo y valentía.

> *Monarquía indiana*
> Fray Juan de Torquemada

Instigados por su dios Huitzilopochtli, solicitaron el préstamo de la hija del gobernante para finalmente utilizarla en un macabro ritual de sacrificio que da como resultado el conflicto armado entre mexicas y culhuacanos sacándolos de sus tierras. Todo ello está también especialmente registrado en las fuentes escritas y códices.

En un pasaje de Durán se muestra el momento en que inicia esta batalla con los culhuacanos y es Huitzilopochtli nuevamente quien habla:

> Porque no es este lugar donde hemos de hacer nuestra habitación [...] es necesario que la ocasión de dejar este donde ahora moramos [...] y que empecemos a levantar nuestras armas, arcos y flechas, rodelas y espadas y demos a entender al mundo el valor de nuestras personas. Empecemos a aparejar y apercibir de las cosas necesarias para nuestra defensa y para la ofensa de nuestros enemigos [...]
>
> *Historia de las Indias de la Nueva España e islas*
> *de la Tierra Firme*
> Fray Diego Durán

En otros pasajes encontramos mayores detalles del combate y el uso de armas arrojadizas en su proceso de huida por la zona lacustre:

> [...] salió toda la gente de ella en arma y dándoles combate, los metieron a la laguna adentro hasta que casi no hallaban pie. [Los mexicas] Viéndose tan apretados [...] comenzaron a disparar tanta de la vara arrojadiza que son aquellas armas de que ellos hacían mucho caso y confianza.

Finalmente, en esta serie de avatares se da la famosa fundación de México-Tenochtitlan, pero ello no impide que el sometimiento de este pueblo siga dando cabida a su papel de mercenarios y que en realidad no lleven a cabo batallas por cuenta propia sino de los señores tepanecas y culhuacanos.

Corría el año 1325 según las fuentes históricas más fidedignas, pero como se sabe, este territorio no estaba precisamente deshabitado, sino que era una zona perteneciente al señorío de Azcapozalco y por tal motivo no quedaba otra opción más que prestar nuevamente sus servicios como mercenarios a las huestes tepanecas.

Por lo menos durante esta fecha y posiblemente hasta el año 1428, cuando los mexicas se rebelan ante el yugo tepaneca, su capacidad militar se limita al mercenariado que ya hemos mencionado, no son verdaderas conquistas mexicas las que se llevan a cabo durante los reinados de Acamapuchtli, Huitzilíhuitl y Chimalpopoca, sino hasta la llegada de Izcóatl.

Es de gran importancia mencionar lo siguiente para comprender cómo fue que se dio la estructuración del ejército mexica con el paso del tiempo. Si bien durante los reinados de Acamapichtli hasta Chimalpopoca se comenzaba a estructurar con mayor forma el estado mexica que se fundamentaba, entre otras cosas, en la organización del *calpulli* que se venía desarrollando desde la peregrinación; en cuanto a los *calpullis*, de acuerdo con algunas fuentes, es realmente cuando se da el llamado *Pacto de Izcóatl* en el cual se incita a la sociedad mexica a rebelarse contra el yugo tepaneca, entre ellos Tlacaélel, quien provocó tanto al pueblo como al propio *tlatoani* para todo esto.

Y, en efecto, la batalla fue preparada y se dispusieron con sus armas a prestar combate a la gente de Azcapozalco. Este combate lo desarrollaremos en torno a su planteamiento táctico en capítulos subsecuentes; sin embargo, al momento en que salieron victoriosos podemos decir que inició también una nueva etapa en la historia del ejército mexica, la etapa imperial en la cual poco a poco su estructura se fue modificando, más aún cuando se instauraron las guerras floridas con Tlaxcala y Huexotzingo lo que permite, como ya vimos, una mayor movilidad en el sostenimiento del sistema de mando y por tanto una reestructuración del mismo.

La victoria generada en este combate da pauta para comenzar a hablar de un ejército imperial, dentro del cual ya podemos conocer con mucha mayor claridad una estructura bastante más compleja, con sistemas de mando, sistemas de comunicación y otros aspectos que trataremos a continuación.

La problemática del sistema de mando y el número de efectivos

Es por todos conocida la emblemática imagen de los guerreros águila y jaguar quienes, entre otras cosas, representan en la cadena de mando militar mexica los más altos rangos; sin embargo, por debajo de ellos existe una serie de problemas para definirla con exactitud.

Ya hemos visto en capítulos anteriores que este sistema de mando está generalmente representado en los documentos pictográficos y que en pocas ocasiones aparece en la escultura y que no obstante es bastante mencionado, aunque con poca claridad, en las fuentes escritas.

Se supone que esta serie de grados se adquirían en función de las capacidades demostradas en el campo de batalla, aunque más bien debería decir en el supuesto campo de batalla, ya que la mayoría de estas divisas se adquirían de acuerdo al número de cautivos, más que por el número de muertos, cuestión paradójica, lo cual brinda mayor sustento a los postulados que más adelante vamos a brindar al respecto.

En este sentido, en trabajos anteriores plasmé estas características respecto a la adquisición de grados en el siguiente cuadro:

Si iba a la guerra y no capturaba ningún prisionero.	*Cuexpalchicacpol:* usaba sólo traje de *ixtle.*
Si capturaba un prisionero en su primera batalla.	*Telpochtliyaqui tlamani:* usaba traje de algodón.
Si eran dos o tres los prisioneros.	Se les daba mando y podían ser instructores. Usaba el traje de *Cuextecatl* o *Papalotlahitztli.*
Si capturaba cuatro prisioneros.	Se convertía en capitán *mexicatl* o *tolnahuácatl.* Podía usar el traje de *Océlotl.*
Si capturaban cinco prisioneros de Huexotzingo.	Capitanes llamados *quauhyacame.* Podía usar el traje de *Xopilli.*

Todos estos guerreros, a excepción de los primeros, tenían la oportunidad de obtener diferentes implementos en su atavío, como insignias de prestigio, ya sea ropas de algodón, de color amarillo, adornos y mantas ricas, además de permitirles estar cerca de los grandes capitanes en las reuniones del palacio imperial. De esta manera vemos que la práctica de la guerra florida fundamentalmente era una excelente oportunidad principalmente de los *macehualtin* para acceder a puestos de regular importancia, ya que los más importantes estaban reservados para los *pillis*. Recordemos que estas dos clases sociales básicas de la sociedad mexica descansaban en cierta manera en lo que fue el Pacto de Izcóatl, ya que antes la organización era más igualitaria.

Es en el caso de la guerra florida donde reconocemos una mayor distinción para los guerreros y la posibilidad de ascender en el sistema de mando pese a lo controvertido de las fuentes escritas, donde ya apuntamos que constantemente se menciona la captura de prisioneros sin una necesaria distinción entre que fueran guerras de conquista o floridas. Ello representa que el valor de los cautivos era una obsesión en ambos tipos de guerra, aun cuando en las floridas se supondría un objetivo primordial y por tanto con un mayor prestigio para el cautivador.

En este sentido, lo que se subraya permanentemente en las fuentes escritas es el hecho de que el número de cautivos era el verdadero factor que permitía la movilidad y una posibilidad de rango. Uno de los más importantes ejemplos de ello se aprecia en el *Códice Mendocino* en su lámina 65r. que dice en las glosas que acompañan las ilustraciones, que dependiendo de cada cautivo se podía ir subiendo de rango y utilizar cierto tipo de atavío o uniforme propio del mismo.

Por lo tanto, la jerarquía estaba sobre todo basada en los cautivos de guerras floridas y no queda claro qué sucedía en las acciones de combate en una guerra de conquista, qué valor se daba y qué rango se obtenía, ya que en todas las batallas, cualquiera que fuese su naturaleza, se hace mucho hincapié en la captura de prisioneros y su posterior sacrificio.

A continuación daremos una breve lista de nombres designados a la cadena de mando mexica y que sin embargo no queda claro cuál era su verdadero equivalente en los rangos militares que nosotros conocemos:

- *Yaoquiscayacanqui*
- *Yaoquiscatepacho*
- *Yaoquiscacatachcahu*
- *Yaotachcahu*
- *Yaotachcalitli*
- *Yaotequihua*
- *Tepacho*
- *Teyacana*
- *Techcahutli*
- *Tlacatécatl*

Todos los nombres anteriores se pueden traducir simplemente como «comandante de hombres» o «gente de guerra». Como puede verse el problema es bastante complejo y difícil de resolver. No queda claro si son lo mismo bajo diversos sinónimos, si son diversos cargos o tipos de capitanes, quién va primero de quién y cuál después, y lo más difícil radica en tratar de ubicar estos rangos bajo un tipo específico de atributos característicos que los diferencien en cuanto a los uniformes, divisas. E incluso sería pertinente hablar de posibles armas, aunque los sistemas de armamento no necesariamente están vinculados con los sistemas de mando, a pesar de que existan algunas posturas y controversias al respecto.

Uno de los ejemplos en el cual sustento mi idea acerca de que los rangos no están asociados directamente a los sistemas de armamento se aprecia en el *Códice Mendocino* en su lámina 67r. donde varios lanceros con el mismo tipo de armas ostentan diversos tipos de traje con diferentes rangos. Pese a ello existen autores que sí caracterizan parte de la cadena de mando entre otras cosas por las armas.

Es innegable que una de las armas que más poder simbólico tiene relacionado con la cadena de mando es el átlatl, pero queda en discusión si sólo los grandes guerreros pueden utilizarlo, o simplemente tiene una relación directa con el sistema de armamento y su función en el campo de batalla, de ello hablaremos en los siguientes capítulos.

Autores como Alfredo López Austin consideran que por ejemplo los *ichcahupilles* no estaban conformados de la misma manera para *macehualtin* que para *pipiltin*. Para los primeros esta prenda defensiva no podía llegar abajo de la cintura a diferencia del de los *pipiltin*.

Nigel Davies asegura que si un capitán capturaba cualquier cantidad de prisioneros en guerras

Los sistemas de mando estaban establecidos más por la captura de prisioneros que por los efectivos aniquilados en combate. En las glosas que acompañan a este documento se informa del rango obtenido por cada guerrero.
Códice Mendocino, lám. 67 r.

propiamente de conquista, propone ejemplos en regiones como la mixteca o la huaxteca, no obtenía privilegios de tanta importancia como si los capturara en un combate en regiones como Tlaxcala o Huexotzingo, es decir, en las verdaderas guerras floridas y, de esta manera sí podía ascender al

En este grupo de guerreros se puede observar la diferencia de uniformes utilizados y el rango militar que representan lo que no impide que todos lleven el mismo tipo de armas, una lanza y escudo. *Códice Mendocino*, lám. 67 r.

rango de gran capitán y no se diga si capturaba a un enemigo de la zona de Atlixco que sería, como aseguran las fuentes, cosa de asombro.

De manera general reconocemos a los siguientes sistemas de mando: los *tlacatécatl* y los *tlacochcálcatl*, respectivamente como señor capitán de guerra y el guardián de la casa de armas. Detrás de ellos nos encontraríamos al *cihuacóatl*, que ejercería el cargo de verdadero general, quizá como los actuales generales de brigada del ejército mexicano y al final de toda la cadena se encontraría el *tlatoani*.

El *Códice Matritense* de la Real Academia narra de la siguiente forma como se consideraba un *tlacatécatl* o comandante de hombres:

Gran águila y gran tigre, águila de amarillas
garras y poderosas alas [....] El genuino tlacatécatl, instruido, hábil, de ojos vigilantes, dispone
de las cosas, hace planes, ejecuta la guerra
sagrada. Entrega las armas, las rige. Dispone
y ordena las provisiones, señala el camino,
inquiere acerca de el.

En algunos documentos se narra que eran
cuatro los capitanes principales que iban a la guerra
y que formaban parte del consejo de guerra junto
con el *cihuacóatl* y el *tlatoani: tlacatécatl, tlacochcálcatl, cuauhnochtli* y *tilancalqui* quienes dirigían
los ejércitos. Ellos se reunían en el *quauhcalli* para
supervisar los asuntos militares, nuevas campañas
y, sin duda, el problema jurídico referente a temas
castrenses.

Algunas fuentes convienen en decir que los
militares de más alto rango se fundían en cierta
manera con las funciones eclésiasticas transfor-
mándose en una suerte de sacerdotes-guerreros
que, en ocasiones, tal como veremos en ciertos
rituales como el sacrificio gladiatorio se discute si
aquellos que actuaban en este ceremonial eran en
verdad sacerdotes, guerreros o ambos.

Hablemos ahora del número de guerreros que
generalmente podría reunir el *tlatoani* o la Triple
Alianza para sus respectivas campañas. El número
de efectivos que se desplazaba a combate también
ha generado mucha polémica y creo que sería
conveniente aplicar algunos modelos estadísticos
que han sido utilizados para otros ejércitos del
mundo antiguo.

Debemos señalar que generalmente cada *calpulli* tenía la obligación de brindar un número específico de guerreros para el combate. Y era precisamente de esta forma como se generaban los batallones y escuadrones dependiendo del *calpulli* al que pertenecían. Había unidades de ocho mil hombres divididos en escuadrones de doscientos o cuatrocientos efectivos que podrían llegar a conformar ejércitos completos de hasta doscientos mil individuos, cosa que de momento nos resulta exagerado si se piensa que la población total de la ciudad de Tenochtitlan era precisamente de doscientos mil habitantes.

Por lo tanto, esto podría parecer plausible si consideramos el ejército completo de toda la Triple Alianza, pero hablar únicamente del ejército de Tenochtitlan resulta bastante ambicioso.

Algunas crónicas como la de Bernal Díaz mencionan un total de veinte mil individuos por cada miembro de la Triple Alianza, los cuales se podían reunir sin problemas. Veamos si utilizando los términos estadísticos podría resultar convincente.

Utilizando los estándares estadísticos de L. Keeley, quien ha manejado una serie de parámetros en los cuales alrededor del 8% de la población de una ciudad debe ser la que potencialmente conforme un ejército, ya que sumar un 15% o hasta el 22% implica un esfuerzo y un lujo que no siempre podían darse las grandes ciudades. La cifra que menciona Bernal Díaz es de cerca del 10% de la población total hipotética de Tenochtitlan y las estadísticas de Keeley arrojan un porcentaje un poco menor, por lo que es muy probable que Bernal Díaz tenga razón.

Valdría la pena establecer con todo cuidado estos parámetros de análisis estadísticos a los diferentes datos que arrojan las crónicas en las diversas batallas libradas en Mesoamérica y resolver esta situación con más seguridad. Para ello, recomiendo como modelo teórico y metodológico de análisis los trabajos efectuados por Keeley y por Fernando Quesada sobre los efectivos y bajas en las batallas numantinas en España.

Sistemas de comunicación

Dos son los sistemas de comunicación más importantes para que el ejército mexica incorporara un sistema de órdenes eficiente. Por un lado, el uso de instrumentos musicales, sonidos vocales y, por otra parte, sistemas visuales basados en el uso de estandartes y banderas.

En torno a la música, los instrumentos más utilizados para este efecto fueron sobre todo los caracoles y los tambores. La mayoría de las batallas reportadas por los cronistas españoles mencionan constantemente el uso de estos dos tipos de instrumento.

Por ejemplo, durante la batalla de Azcapozalco los generales llevaban en su espalda un pequeño tambor con el cual daban instrucciones a sus subalternos en el momento de la batalla, sobre todo para dar inicio a la misma. Incluso un documento como

El rey Nezahualcóyotl porta un pequeño tambor que era muy
utilizado para transmitir la orden de iniciar la batalla a sus
guerreros. Este tipo de evidencia está totalmente apoyado en
las narraciones de las fuentes escritas.
Códice Ixtlilxóchitl, lám. 106 r.

el *Códice Ixtlilxóchitl* en su lámina 106r. representa a Nezahualcóyotl vestido como guerrero y en su espalda se aprecia el pequeño tambor que comenta la crónica. Así lo narra Torquemada: «El rey de Texcoco llevaba un atabalejo encima de lo hombros que tocaba al principio de la batalla, otros usaban unos caracoles grandes que sonaban a manera de cornetas [...]», quien deja patente que todo esto, junto con una serie de rechiflas, silbidos y gritos servía «para animar a su gente».

El otro instrumento que además era muy mencionado y de hecho es bastante emblemático de las culturas mesoamericanas era un tipo de caracola marina del tipo *Strombus,* muy usado por los indígenas para dar por iniciada la batalla y enviar a las tropas al combate.

Antes de iniciar una batalla, en ocasiones, como comenta el padre Sahagún, los sacerdotes indicaban una señal de combate que consistía en prender fuego en una hoguera acompañado del sonido de algunos caracoles.

En el caso de las banderas, estas se colocaban en la espalda como parte de las insignias y atributos visuales de los uniformes. Esto permitía que cada bandera, que finalmente estaba asociada al *calpulli* al cual cada escuadrón pertenecía, diferenciara a unos de otros en el ardor de la batalla. Los diversos tipos de banderas siempre tenían una relación directa con el uniforme, por lo tanto es muy variable reconocerlas en los documentos pictográficos incluso en cuanto a colores y en número de ellas.

Simplemente al observar el *Códice Mendocino* podemos vislumbrar las diversas banderas que están integradas en los diferentes trajes, véase por ejemplo la lámina 67r. de este documento, en la que se aprecian desde los casos mas extravagantes como el del traje que se asocia al dios Xólotl o bien el del traje de *tzitzimitl* que está ajustado, al igual que los otros por un bastidor de carrizo a la espalda, en este caso sujetando tres banderas de color blanco rematadas por una bola de algodón y plumas de quetzal.

En los ejemplos presentados, los guerreros ostentan banderas de diseños y colores variados. Resulta lógico pensar que esto se vincula directamente con los atributos propios de las deidades y de los *calpullis* a los que pertenecían, por tanto, además de tener cargas simbólicas importantes, formaban parte del conjunto del sistema visual de comunicación en el campo de batalla.

Representación escultórica en piedra de una gran caracola *Strombus* encontrada durante las excavaciones del templo mayor de Tenochtitlan. Museo del Templo Mayor, México.

Diversos trajes de guerreros mexicas que portan en la espalda diferentes tipos de banderas asociadas a aspectos simbólicos de dioses y atribuirlos en cierta manera al *calpulli* del que procedían.

Existe, sin embargo, un problema de análisis que quizá pocos han tratado de considerar. La información que tenemos en este aspecto es en su mayoría de los trajes y divisas militares mexicas, lo que nos plantea la siguiente la pregunta: ¿qué sucede con las poblaciones enemigas que hipotéticamente deben diferenciarse correctamente de sus adversarios?

En este sentido, la información resulta demasiado fragmentaria y en gran medida los investigadores no nos hemos dado a la tarea de investigar estos detalles, no obstante podemos arrojar algunos ejemplos al respecto.

En el *Lienzo de Tlaxcala* —concretamente en la lámina 73— es factible reconocer uno de los trajes típicos de algunos de los enemigos de los mexicas, en este caso de los guerreros de Tlaxcala, que efectivamente se distinguen de sus homólogos por llevar una bandera en forma de garza, el

En esta lámina del *Lienzo de Tlaxcala* un efectivo militar
de Tlaxcala identificado por la bandera en forma de garza
acompaña a las filas españolas durante las conquistas de los
señoríos indígenas. Lám. 73.

rostro decorado con pintura facial blanca y rayas
verticales rojas y, rematando, en parte de la frente
se colocaban una especie de diadema de tela en
colores blanco y rojo. Según John Pohl este tipo de
traje estaba asociado a los ancestros chichimecas
del desierto del grupo huexotzinga.

En lo referente a los guerreros de la zona de
Huexotzingo tenemos información respecto a a
algunos de los trajes de alto rango. Generalmente
sus atuendos de guerreros estaban rematados con
forma de coyote con un gran tocado de plumas de
quetzal verde.

Pero no necesariamente tenemos tanta suerte en definir este asunto entre otros enemigos; aunque el *Lienzo de Tlaxcala* sí es una gran fuente de aportaciones a este aspecto, salvo en algunos trabajos de autores como Antonio Peñafiel, Luz María Mohar, Wilfrido Du Solier y recientemente en las interesantes reconstrucciones de John Pohl, no ha habido un análisis riguroso de los trajes en dichas sociedades.

MARCHA Y MOVILIZACIÓN DEL EJÉRCITO

Ya veremos a lo largo de este libro cómo la movilización y marcha del ejército se iniciaba con la evidente previa declaración de guerra sobre el contrario. Los tlatoque se apresuraban por un lado a reunir los recursos necesarios para dicha movilización como son alimentos, armas, personal en específico, no solamente guerreros de buena parte de la ciudad de Tenochtitlan, sino también se hacía el respectivo llamado a los pueblos tributarios y aliados para que enviaran sus tropas de apoyo.

Ya en marcha hacia el campo de batalla, que generalmente era un lugar acordado en el caso de las guerras floridas o bien a las puertas de las ciudades enemigas en el caso de las guerras de conquista, los guerreros mexicas debían ser asistidos en el trayecto por los pueblos sometidos para darles avituallamiento, tales como alimentos: maíz que las fuentes mencionan en su versión de *tlax-caltotopochtli* —probablemente se trataba de los famosos totopos mexicanos que consumimos hoy en día— atavíos, como mantas, *cactlis* o sandalias, petates para dormir y chile, entre otros alimentos. En caso de negarse a dar bastimentos al ejército eran saqueados y aniquilados.

Como mencionamos anteriormente, autores como Ross Hassig argumentan que podían llegar a movilizarse cerca de veinte kilómetros al día, considerando las diversas circunstancias de alimentación, como la carga de bastimentos que era transportada por los jóvenes aprendices. Para tal efecto las tortillas tostadas, es decir, las comúnmente conocidas tostadas mexicanas que aún se consumen, podrían ser las más viables para transportar dado su poco peso y valores nutricionales, ya que contienen grandes cantidades de carbohidratos que dan energía para las caminatas.

Sin embargo, en el concepto de la marcha también deben considerarse otros factores de gran importancia. Uno de ellos es el tipo de terreno que debían cruzar dependiendo de la región que iban a atacar, pues obviamente no es lo mismo cruzar una selva, que un desierto, zonas montañosas, aunque cada uno tiene sus respectivas dificultades.

Por ejemplo, los efectivos de las fuerzas especiales inglesas pueden llegar a recorrer sólo un kilómetro o kilómetro y medio en un día en circunstancias de una espesa selva lluviosa y lodosa parecida a los terrenos que encontramos en Chiapas. En contraste, los indígenas tarahumaras pueden llegar a recorrer grandes distancias en circunstancias de un agreste paisaje sin cansarse y manteniendo un ritmo fuerte y estable.

Considerando este tipo de análisis, pensaríamos que los mexicas quizá estarían en una posición más favorable como los indígenas tarahumaras, es decir, con un buen conocimiento del terreno, acostumbrados en cierta manera a las inclemencias del clima, el terreno y sobre todo con una gran capacidad física.

Por otro lado, debemos recordar que el Imperio mexica era en realidad «invisible», ya que no crearon grandes calzadas como lo hicieron los romanos precisamente con la idea de movilizar las tropas los más eficientemente posible y llegar a las zonas de combate o emergencia necesarias.

A ello le sumamos el peso de todo el equipo, presumiblemente unos veinte kilos, aun cuando fueran apoyados por los jóvenes guerreros. Toda esta serie de elementos son importantes al analizar una batalla, ya que si se llega en malas condiciones, enfermo, desnutrido, agotado, o lesionado las bajas pueden ser cuantiosas y pueden generar el límite entre perder o ganar.

Por último, uno de los factores a considerar para las batallas es sin duda el uso de cierto tipo de armas y sus capacidades lesivas, tema del siguiente capítulo.

LA LEY CASTRENSE

El Estado mexica como una entidad propiamente jurídica, organizada, institucionalizada y con una complejidad social avanzada nace en realidad entre el proceso de fundación de la ciudad de

Tenochtitlan en 1325, la instauración de los tres primeros tlatoque: Acamapichtli, Huitzilíhuitl y Chimalpopoca. No obstante, la verdadera maduración del Estado mexica se dio con la llegada de Izcóatl y, sobre todo, de Moctezuma I después de iniciar la etapa imperial producto de la derrota del señorío de Azcapozalco y su efímero imperio.

Todo esto representa el desarrollo de un gobierno mucho más institucionalizado, donde sus bases residían en la figura del *tlatoani* y toda su burocracia. Como ya hemos visto, este era el jefe supremo de las fuerzas armadas del que seguiría el *cihuacóatl* y los generales *tlacatécatl* y *tlacochcálcatl*,

El traslado de las tropas por tierras enemigas iba precedido por grupos de comerciantes que hacían la veces de espías mientras representaban de alguna manera parte de la avanzada del ejército. Comerciantes, *Códice Florentino*, Libro II, lám. 316 r.

quienes participaban como jueces en los diferentes tribunales especializados en materia militar.

De acuerdo con Alfredo López Austin había por lo menos dos tipos de tribunales castrenses en el Imperio mexica. El primero era denominado *Tecpilcalli* integrado por un juez civil *pipiltin* y otro un militar de alto rango distinguido y que seguramente también era a fin de cuentas un *pipiltin*. Este tribunal dirimía los delitos cometidos por militares de la siguiente forma:

> Tecpilcalli, donde estaban,
> donde se juzgan a los pipiltin,
> a los hombres valientes, a los
> oqichtin, a los expertos en la guerra.
> El tlatoani, si acaso sabía los delitos
> del pilli aunque fuese un pilli respetado,
> un hombre valiente si acaso cometió adulterio,
> entonces lo juzgaba,
> frente a la gente era apachurrado
> con piedras,
> muerto a pedradas.

Códice Florentino

Estas líneas paleografiadas de la obra del padre Sahagún reflejan lo severas que eran las leyes castrenses mexicas al contemplar la pena de muerte por lapidación en caso de adulterio de algún militar. Debemos destacar algo de este tribunal, que era sobre todo aplicado a militares que por diversos motivos cometieran delitos, pero exclusivamente dentro del territorio de la capital, México-Tenochtitlan, ya que existía otro tribunal especializado en otro tipo de circunstancias.

Este segundo tribunal, del cual no se ha dejado una constancia de su nombre, dirimía más asuntos militares pero directamente en el campo de batalla. Lo llamaremos simplemente *tribunal de guerra*, sólo estaba capacitado para asuntos exclusivamente militares y estaba integrado por cinco jueces y cinco ejecutores. Las fuentes dicen lo siguiente de este tribunal:

> Y cuando había llegado a la orilla del agua sagrada
> a la orilla de la hoguera
> ellos, los hombres valientes, los tlacochcalca, los tlacateca,
> daban el camino a la gente, ponían en orden a la gente.
> Ninguno tomaba ventaja sobre los otros;
> ninguno salía con otros.
> Allí mismo los mataban, los apaleaban.
> A los que querían mezclarse.
> A los que querían salir con otros.
>
> *Códice Florentino*

Nuevamente se hace patente el castigo corporal de gran nivel y, como veremos líneas adelante, este tipo de jueces seguramente estaba vinculado con los problemas que podría suscitar en pleno campo de batalla el asunto de los cautivos de guerra y sus respectivos captores.

Al parecer los *tlacochcálcatl* y *tlacatécatl* tambien tenían funciones de jueces en otro tipo de tribunales que no necesariamente eran exclusivos de la guerra. Tal es el caso de los tribunales del *cihuacóatl* para asuntos muy importantes de *pipiltin* y *macehualtin* y en el *tlacxitlan*.

Un factor que queda en discusión es si realmente se trataba de un ejército profesional, es decir, si su carrera era del todo la guerra o había un ejército de agricultores de alguna forma entrenados que podía, en caso necesario, entrar en combate.

Alfredo López Austin distingue los dos tipos, aquellos que eran guerreros de tiempo completo mantenido por el Estado y por el otro, agricultores, sobre todo *macehualtin* que efectivamente se dedicaban a la agricultura y en cierta manera, como obligación tributaria y por conveniencia social, eran guerreros. De hecho, hasta había un sistema de pensiones para los guerreros heridos o viejos, ya que se les enviaba a Culhuacán para ser atendidos como gente de alta estima.

LA MUJER EN LA ACTIVIDAD MILITAR MEXICA

Son realmente pocos los trabajos dedicados a analizar si la mujer tenía una participación activa en el ejército mexica, ya que como sabemos era una actividad prácticamente exclusiva de los hombres, más por factores culturales que por fundamentos absurdos de desigualdad.

Al referirnos a una actividad femenina en el ejército, evidentemente nos referimos a mujeres guerreras no en en el plano simbólico, sino que tuvieran una participación real en los campos de batalla. Si bien las mujeres en el parto eran en ocasiones comparadas con los guerreros por su lucha en este proceso natural no es la intención de estas líneas analizar este tipo de factores.

119

Algunos de los precedentes historiográficos que tenemos referente a este tema son algunos trabajos como los de Cecelia Klein o de María de Jesús Rodríguez de Shadow. Esta última desafortunadamente con poca objetividad, pecando de estructurar sus fundamentos interpretativos con mucha visión «feminista».

Las fuentes de investigación para este tema tan poco analizado son sobre todo de tipo escrito, los códices tratan más de representar algunas deidades femeninas con un caracter militar sujetando escudos y en sustitución de armas ofensivas un *tzotzopaztli* o bastón para tejer.

Respecto a la manifestación escultórica se han representado de forma simbólica algunas guerreras. Una de ellas forma parte del complejo escultórico encontrado en la Ciudad de México por Hugo Moedano. De ellas recordamos cinco esculturas mexicas elaboradas bajo el estilo artístico tolteca, cuatro masculinas y una femenina. Ostenta en una de sus manos el bastón tejedor antes mencionado en combinación con dardos y un caracter marcial. Lleva como prenda de vestir una falda elaborada con flechas.

Otro interesante ejemplo lo tenemos en los relieves que decoran el monolito de Moctezuma Ilhuicamina, en el cual los artistas indígenas plasmaron al famoso *tlatoani* vencedor sujetando de los cabellos al dios patrono del pueblo sometido. En uno de ellos, más concretamente en el dedicado a la conquista de Culhuacán, la deidad ostenta senos femeninos y el *tzotzopastli* en una actitud marcial pero de sometimiento al vencedor.

Fuera de ellos realmente tenemos muy pocos ejemplos donde el mexica integrara más de forma simbólica que real el retrato de mujeres guerreras en su plástica. Por otro lado, las fuentes escritas nos proporcionan información interesante. Una de ellas que ya se había mencionado líneas arriba y en otras publicaciones, es la que nos proporciona Bernal Díaz al relatar que las mujeres apoyaban en la manufactura de armas desarrollando piedras específicas para tirar con la honda. Igualmente eran auxiliares de los amantecas, o especialistas del trabajo de plumería en la que seguramente ayudaban en las labores de decoración de escudos.

En algunos documentos pictográficos como el *Códice Tovar* se aprecia en sus láminas la participación de mujeres sujetando mazos durante la batalla de Coyoacán, lo que llama nuestra atención, ya que en los textos, como el del padre Durán, no se menciona este tipo de participación femenina que corrobore necesariamente lo representado en los códices. Es muy probable que en casos de flagrante necesidad las mujeres se hicieran a las armas en una situación de invasión y ultraje a sus familias, mas no podemos hablar específicamente de guerreras.

VI

Las armas

Para comprender a fondo la problemática que implica la interpretación del armamento meso-americano debemos iniciar por saber qué es un arma. Existe una paradoja conceptual que permite reconocer lo que es un arma de lo que no, en sí, esta es es un artefacto que está diseñado para ofender o defender bajo diversas circunstancias.

Tenemos que clasificar este concepto en tres partes: las armas que sirven para cazar, las armas de corte simbólico y las armas de guerra. Ello quiere decir que las armas no son de uso exclusivo para la guerra. Tenemos muchos ejemplos en la historia donde se fabricaron armas de corte simbólico que nunca tuvieron en su haber alguna víctima. Pero aquellas que sí tienen un fin en el combate estaban diseñadas bajo diversos motivos para la aniquilación de los oponentes.

Desde la perspectiva de las armas propiamente para la guerra podemos clasificarlas desde varios puntos de vista; uno de ellos es el de su origen. En este sentido podemos dividirlas en dos: aquellas que fueron desde un principio diseñadas para la guerra y aquellas que originalmente tenían otros fines y que fueron adaptadas para la guerra.

En el caso de armas que originalmente fueron diseñadas para otros fines tenemos ejemplos de verdaderas herramientas para el trabajo de la madera, tal es el caso de las hachas, que fueron adaptadas para fines militares. Los ejemplos más comunes los podemos ubicar en los ejércitos mixtecos, representados en los códices pero que al momento de tratar de identificarlo en el material arqueológico resulta un tanto difícil de comprobar, a menos que se traten de estudios de gran profundidad sobre huellas de uso y arqueología experimental.

Otro caso similar lo tendríamos en los cuchillos, que en realidad tenían fines religiosos, como el sacrificio humano, pero que seguramente debieron también emplearse en la guerra.

Sin embargo, dentro del conjunto de armas o herramientas que originalmente se usaron para otros fines fueron especialmente relevantes las usadas para la cacería, como el arco y flecha, el lanzadardos y la honda, que se adaptaron muy bien al uso militar.

Son verdaderamente pocas las armas de las que tenemos constancia que fueran originalmente diseñadas exclusivamente para el combate, como son el *macuahuitl,* el *ichcahupilli,* el *quauhulolli y* la lanza del tipo *teputzopilli.*

Existen otros casos como la llamada *arma curva* que parece que desde un principio tuvo funciones de tipo contundente a manera de arma complementaria para los guerreros que portaban sobre todo armas de largo alcance como el átlatl. La diferencia es que este tipo de armas han sido registradas en su uso de los guerreros toltecas más que propiamente de los mexicas.

Desde otra perspectiva más común y referida exclusivamente al armamento usado ya dentro de los contextos netamente bélicos, debemos clasificarlas con respecto su función, siendo muy común dividirlas en ofensivas y defensivas, independientemente de que su origen sea distinto.

Dentro de las armas ofensivas se pueden considerar dos rubros: las armas de choque y las de largo alcance. Las armas de choque son aquellas que permitían al guerrero combatir cuerpo a cuerpo frente a los enemigos, como el *macuahuitl,* el *quauhololli,* la lanza, el cuchillo y las hachas. Entre las armas de largo alcance están el lanzadardos, el arco y flecha, lanzas arrojadizas y la honda.

En torno a las armas defensivas se encuentran básicamente dos: el escudo y los petos de algodón. No está del todo claro si podemos integrar los yelmos o cascos en este ámbito, ya veremos cuáles

125

son los pormenores de todo ello. En el epígrafe siguiente analizaremos algunas de estas.

LAS ARMAS OFENSIVAS

El macuahuitl

Ya en otras ocasiones hemos definido a gran escala qué era el *macuahuitl* y sus características (Cervera, 2006). Se trataba de un bastón de aproximadamente setenta centímetros de largo de acuerdo con los documentos pictográficos, elaborado seguramente de madera de pino, al cual le insertaban navajillas prismáticas de obsidiana con diversas resinas de huizache, pino o mezquite.

Algunas fuentes escritas mencionan que existía una tipo de *macuahuitl* denominado «de a dos manos» muy parecido en tamaño a lo que los españoles llamaban montante. Esto significa que había un tipo de ejemplar de esta arma mucho más largo y que seguramente se empleaba efectivamente de a dos manos, quizá de metro y medio de largo.

Desafortunadamente, los códices no revelan un tipo de arma de estas características, la única evidencia material clara que se tenía de este artefacto provenía de la Real Armería de Madrid, que identifica a un *macuahuitl* de esta largura y que, sin embargo, presenta algunas características decorativas que nos hacen dudar de su autenticidad.

De acuerdo con algunos registros históricos del momento, se encontraba decorado con una serie de círculos de color dorado. El color dorado como pintura realmente no se conocía en el México antiguo, por lo que se hace suponer que este *macuahuitl* que llega a la Real Armería de Madrid, tan mencionado en varios trabajos y del que sólo se conocía una ilustración, posiblemente se trate o de una falsificación, o fuese elaborado por motivos desconocidos en la Época Colonial.

Es interesante resaltar que este supuesto original, como muchos lo han calificado, fue destruido junto con una lanza *teputzopilli* por un incendio en el siglo XIX en dicha armería, por lo que los únicos registros que nos quedaron son una ilustración y unas fotografías que amablemente el doctor Donald la Rocca del Museo Metropolitano de Nueva York me hizo llegar. En dichas ilustraciones se encuentra uno de los bocetos que desarrolló el ilustrador de los comentados dibujos, en los cuales describe las características decorativas del arma.

Llama nuestra atención, ya que en uno de ellos claramente dice «la base del artefacto es de color rojo y los diversos motivos circulares parecidos a un chalchihuite son de color *dorati*» que traducido del italiano significa «dorado». ¿Dorado usado en época prehispánica? Cabe resaltar este hecho, ya que más información al respecto no tenemos, y que de acuerdo con Álvaro Soler del Campo, este artefacto efectivamente es original. La información que me brinda es la siguiente:

> Las armas mexicas también fueron fotografiadas entre 1860 y 1880, antes de su destrucción en el incendio de 1884. Nosotros no tenemos duda

de su autenticidad. Fueron guardadas, inventariadas y descritas desde finales del siglo xvi, por error, como armas japonesas que llegan con el regalo de Toyotomi Hideyosi de 1584. Por eso se montaron con las armaduras japonesas junto con algunos elementos turcos procedentes posiblemente de la batalla de Lepanto (1571). A los armeros de Felipe II debieron parecerles objetos exóticos, sin procedencia, que inmediatamente asociaron a las de Japón.

Comunicación personal de Álvaro Soler del Campo a Marco Antonio Cervera Obregón

Sin demeritar la gran autoridad del doctor Soler, sí debemos apuntar que el color dorado nunca fue usado por los antiguos mesoamericanos, lo que sin duda nos hace dudar de la autenticidad del artefacto comentado. Y lo más extraordinario es que esta arma estaba acompañada de una segunda, una *teputzopilli* o lanza mexica con navajas de obsidiana de igual manufactura y decoración.

Por otro lado, Salvador Mateos Higuera tenía reportado un original que fue extraído durante las exploraciones del metro en los años setenta. Incluso en una reciente conferencia que impartí en el Museo Nacional del Virreinato, la entonces restauradora del proyecto arqueológico que sacó el artefacto me confirmó haber tenido el arma en sus manos.

Sinceramente, desconozco si actualmente se encuentra en la bodega del Museo Nacional de Antropología de México. Durante algún tiempo estuve buscándolo en dichas bodegas y el antiguo

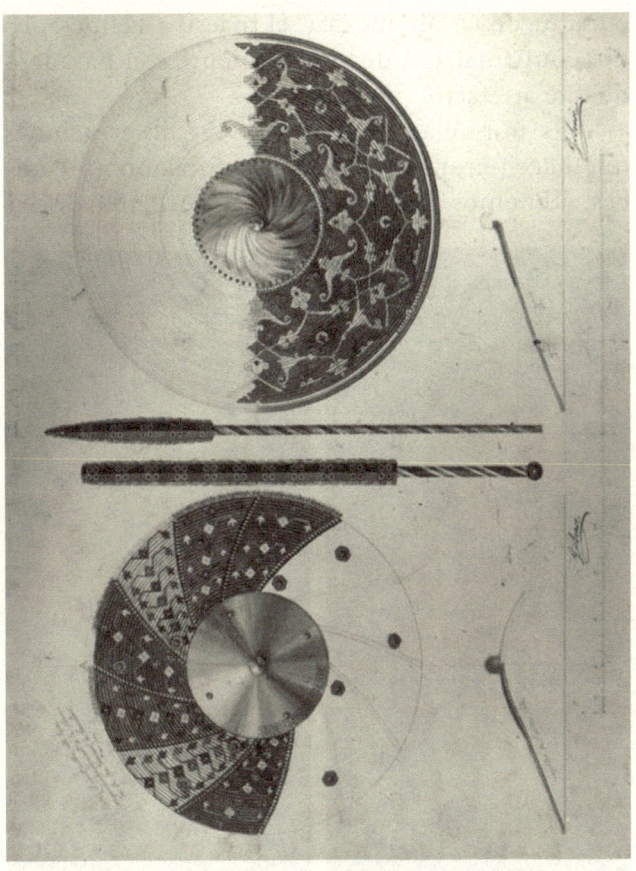

Posible *macuahuitl* original que había ingresado a la Real Armería de Madrid y fue destruido por un incendio. Único ejemplar fotográfico de un arma mexica de estas características. Algunos de los bocetos que el dibujante italiano realizó previo a la quema de los ejemplares en el siglo XIX (Archivo Marco Cervera).

curador de la sala mexica, el maestro Felipe Solís me confirmaba el desconocimiento del paradero de este artefacto.

Es muy claro su uso por las descripciones que hacen cronistas y su representación en códices. Tenemos muchas narraciones, una de las

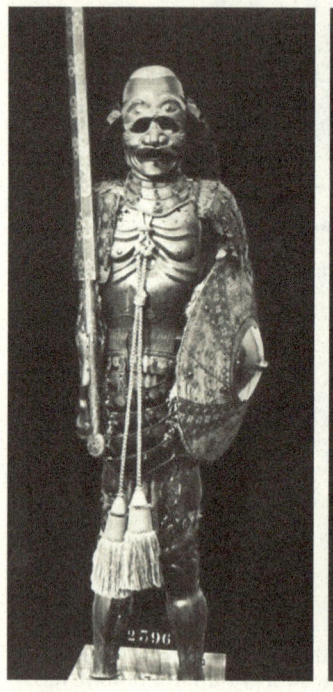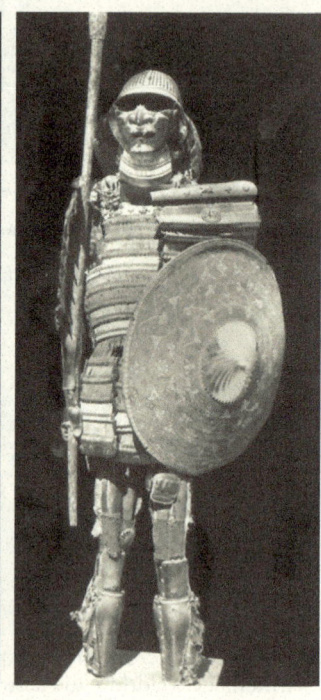

Considerando que son sólo códices y ningún registro arqueológico lo que queda de las lanzas *teputzopilli*. Podemos decir que esta es la única fotografía de una lanza mexica auténtica existente a nivel mundial, poco antes de su destrucción en el siglo XIX. Real Armería de Madrid, España. (Archivo Marco Cervera).

Paradójicamente, una de las pocas esculturas mexicas en las que aparece representado un *macuahuitl*. *Tepetlacalli de los guerreros*. Museo Nacional de Antropología, México.

más características es la que nos detalla Francisco Hernández de Córdoba al decir: «[...] que dividen a veces a un hombre en dos partes de un solo tajo, con tal que sea este el primero, pues todos los demás son casi nulos e inútiles, tales son la agudeza de esta arma y su fragilidad».

Por otro lado, he mencionado en muchas ocasiones que la evidencia arqueológica desde la perspectiva de la representación escultórica es totalmente la opuesta, pues contamos con una casi nula representación de este artefacto en las manifestaciones plásticas, como por ejemplo el *Tepetlacalli* de los guerreros del Museo Nacional de Antropología de México. Ello evidencia, como ya vimos en capítulos anteriores, lo engañosas que pueden ser las fuentes de investigación. Si

131

consideráramos únicamente a las fuentes escultóricas mexicas para conocer este artefacto nuestras interpretaciones serían que no se utilizaba a tan gran escala al contrario de lo que realmente sabemos.

La lanza

El concepto de lanza en el México antiguo ha sido poco estudiado por los investigadores; si bien en diversos libros se habla de esta arma, no se han dado a la tarea de analizarla con profundidad. En un reciente trabajo he tratado de establecer algunos pormenores de la misma.

Para empezar fue un arma del tipo enastado de 1,90 metros de largo. Podemos hablar de tres tipos básicos de este tipo de arma. Las de tipo arrojadizo, que son en realidad más cortas a manera de jabalina y que analizaremos más adelante. Aquella a la cual se le agregaba al asta una punta de proyectil elaborada de pedernal u obsidiana, y finalmente la más conocida y famosa entre los mexicas, la llamada *teputzopilli,* que estaba toda tallada en madera y al final, la hoja de la lanza estaba diseñada para poder añadir una serie de navajillas prismáticas de obsidiana para dar filo a la punta a la manera del *macuahuitl.*

Parece ser que los mesoamericanos desconocían el regatón, ni siquiera bajo la idea de por lo menos poder tallarlo en la base de la lanza, lo que al parecer sería inapropiado al no contar de mejor manera con regatones de metal como se hacían en el Viejo Mundo, ya que este material y dadas las funciones de esta sección de la lanza, recibiría mucho castigo en el suelo, lo que terminaría por desgastarlo.

Las funciones básicas de la *teputzopilli* eran obvias, de ataque cuerpo a cuerpo, y quizá dadas las características recuperadas por experimentación arqueológica sería inapropiada para ser arrojada. Al igual que la mayoría de las demás armas mesoamericanas es muy probable que se fabricara de madera de pino, por ser más ligera y sobre todo abundante en la Cuenca de México.

El mazo

Este tipo de arma es una de las más antiguas de Mesoamérica. Era utilizado por los guerreros olmecas, o por lo menos así lo deja ver el monumento C de Tres Zapotes con todo y las respectivas polémicas que ello suscita.

Respecto a los mazos, podemos afirmar que su tipología es mucho más variable en las representaciones mostradas en las figuras de guerreros del occidente de México que lo que podemos reconocer en las fuentes para el estudio mexica como los códices.

En muchos casos aparecen incluso con puntas que le dan un toque más letal al arma además de su inigualable contundencia. Una breve descripción de ello puede ser vista en mi trabajo publicado en la revista *Gladius*, «Los sistemas de armamento vislumbrados en las figuras de guerreros del Occidente de México».

Los mazos han sido recientemente estudiados por Alfonso Garduño, quien ha llevado a cabo algunos experimentos, pero nuevamente el no tener una clara visión de la guerra mesoamericana llevó a este investigador a plantear que tenían una función de herir y no de matar, aspecto en el cual no concordamos, pese a que convenimos en que ello es una buena aproximación al problema.

Bajo la versión mexica encontramos su nombre en náhuatl denominado *quauhololli*, y resalta una vez más el hecho de que en la representación escultórica mexica es prácticamente nula su aparición, mientras en los documentos pictográficos como el *Lienzo de Tlaxcala* o las pinturas del padre Durán han dado en representarlo en combinación con escudos.

En una errónea visión por mi parte, establecí en trabajos anteriores al *macuahuitzoctli* como una derivación del *macuahuitl*. Sin embargo, ahora rectificando quiero aclarar al lector que más bien debe ser incorporado en el rango de los mazos, en este caso con puntas en su cabeza. De él tenemos registros más de tipo lingüístico que propiamente iconográficos, y considero que mucho menos arqueológicos. También puede ser confundido con algunos cetros que tienen una forma muy parecida a manera de bastón rematando en una esfera, que eran elaborados de obsidiana, y aparecen como objetos votivos en las ofrendas del Templo Mayor, representados en algunos códices sujetos por algunos dioses.

De esta arma no tenemos casi registro ni en códices, ni en fuentes escritas y mucho menos en la representación escultórica desde la perspectiva mexica. Las cabezas de maza que se han recuperado en otras partes de Mesoamérica podrían daros una aproximación de cómo sería. De igual modo, en el caso de los ejemplares que se han representado en estelas como la número 5 de Uaxactun se puede inferir su posible forma.

Sería conveniente hacer un estudio más profundo de este artefacto y tratar de reproducirlo bajo criterios experimentales. Esperemos que otros colegas quienes finalmente han tratado de desarrollar estos factores o nuevas generaciones de investigadores desarrollen mejores y más analíticos experimentos al respecto.

Las capacidades lesivas de esta arma son claras, una especie de rompecráneos que también llevaría fácilmente con golpes certeros y bien desarrollados a la fractura de extremidades tanto superiores como inferiores. Los golpes contundentes de esta arma han sido reflejados en algunas láminas de códices como el *Telleriano Remensis* en su lámina 38v. donde un personaje masculino armado con este artefacto, al parecer un guerrero, acaba de devastar a una mujer que yace tirada en el suelo descalabrada por el ataque.

Respecto a las hachas, es muy probable que se utilizaran las de piedra para el combate, pero tal parece que no era lo más común en los ejércitos mesoamericanos y especialmente en el mexica. El caso de las versiones en metal, que tanto han llamado la atención de los investigadores, sobre todo en la versión tarasca y que ha degenerado en una serie de interpretaciones bastante exageradas y erróneas, desde mi punto de vista, no parece plausible en la versión de los ejércitos mexicas.

Por la información arqueológica resulta un tanto difícil establecer si fueron usados para la guerra o simplemente para el trabajo de la madera, sin embargo no las descartamos. Tampoco es que sea tan común que en las fuentes escritas y en los documentos pictográficos aparezca esta arma en contexto de combate, pero como hacemos con los cuchillos, que en realidad están más asociados en su uso para el sacrificio humano, no descartamos la posibilidad de su uso en el campo de batalla como arma alternativa.

Respecto a las armas arrojadizas, contamos con varios tipos como son la honda, el arco y flecha o la cerbatana, pero sin duda la más famosa que ha generado una cantidad bastante considerable de bibliografía con cerca de cincuenta y nueve fichas es el átlatl, lanzadardos o propulsor.

Es sin duda el ama y señora de las armas mexicas por varios factores: su larga tradición en el uso desde el Formativo o incluso antes, desde la etapa lítica; su uso multifuncional tanto para la caza, pesca y combate; la diversidad de formas posibles y claro está, los fundamentos simbólicos que la envuelven, ya que con ellos más que con cualquier otra arma mesoamericana los indígenas armaban a sus dioses.

Mucho se ha especulado sobre cuál era la capacidad de lesión y de alcance de esta arma. En mi anterior trabajo llegué a mencionar los casos de setenta y cinco metros de distancia por un tirador no experimentado, pero en realidad me quedaba corto, pues he observado que en realidad se puede llegar hasta los ciento cincuenta metros de distancia, considerando la experiencia y potencia con que se arroja el dardo, datos que he obtenido en parte gracias al trabajo de algunos compañeros del grupo Átlatl México.

El artefacto tiene sin duda una función y carga simbólica de gran peso, el cual quisiera destacar en esta ocasión, ya que la parte funcional será analizada en líneas posteriores y en mi libro anterior no desarrollé a gran escala este aspecto. Debemos señalar que no solamente cumple el papel de ser un arma para cazar desde prácticamente la etapa lítica en el México antiguo, sino también un arma de guerra e incluso un arma que se traduce como un cetro de poder entre los gobernantes y deidades sobre todo en el período Posclásico.

Lo podemos apreciar en la gran cantidad de dioses que para destacar su carácter militar dentro de la parafernalia iconográfica del Posclásico Tardío se utilizó el átlatl. Véanse los ejemplos de los dioses Ehécatl-Quetzalcóatl y Tezcatlipoca, en documentos como el *Códice Magliabechiano*, *Códice Florentino*, *Tonalámatl de los Pochetcas* en su primera lámina y muchos otros más.

Otro aspecto de gran valor es que no sólo los mexicas o mesoamericanos lo usaron, en realidad su distribución geográfica y cronológica es muy grande, lo que ha generado una variedad de artículos, libros, e incluso asociaciones internacionales de tiro con átlatl. Irónicamente, México apenas está tratando de formar su propia asociación de tiradores con propulsores, cuestión que en realidad nos llama mucho la atención.

El arco y flecha

Dentro del grupo de armas de largo alcance de gran tradición a nivel mundial pero que llegó a Mesoamérica muy tardíamente es el arco y flecha. Se tiene noticia de que fueron traídos gracias a la oleada migratoria de grupos chichimecas venidos desde los confines del norte mexicano. Esto puede datarse alrededor del año 800 d. C. o quizá desde el horizonte Epiclásico.

Efectivamente, no se tiene registro de su uso en los vestigios materiales de las civilizaciones mesoamericanas previas ya que el arma de gran alcance por excelencia había sido el átlatl, que no necesariamente fue sustituido por el arco y flecha a partir de su aparición.

El arco mesoamericano nunca llegó a ser de formato compuesto, sino el llamado *arco simple* de menor alcance que el anterior. Resulta interesante y polémico resaltar que en algunos documentos se menciona el uso del carcaj para cargar las flechas, algunas fuentes escritas como la obra de fray Bernardino de Sahagún lo mencionan y está representado iconográficamente como en el *Lienzo de Tlaxcala*, y sin

Arqueros indígenas defienden su territorio de la invasión española. Llama la atención el uso del carcaj para portar las flechas, pues su empleo apenas está registrado en fuentes arqueológicas más tempranas. *Lienzo de Tlaxcala*, lám. 35.

embargo, en la mayoría de manifestaciones, que podemos en realidad considerar más tempranas o mesoamericanas, no se encuentra evidencia del uso del carcaj.

Citando ejemplos como las representaciones escultóricas mexica o bien en los documentos pictográficos del Grupo Borgia casi siempre aparecen sosteniendo las flechas en una mano y de la otra el arco. Esto sin duda crea ciertas polémicas, pues nos hace cuestionarnos si algunos grupos indígenas mexicanos ya lo conocían o desarrollaron, o

Dios del fuego sujetando un lanzadardos y un manojo de dardos, evidencia contrastable del uso del carcaj en otro tipo de manifestaciones pictográficas posteriores. *Tonalámatl de los Pochtecas*, lám. 1.

bien las fuentes más tardías en realidad no son del todo fiables para reconocer este artefacto.

En cuanto a los arcos, no tenemos tanta evidencia de haber sido recuperados de contextos controlados, si bien la cantidad de puntas de proyectil que se tienen en contextos arqueológicos como la Sierra de las Navajas o, por ejemplo, tan comunes en las ofrendas de Templo Mayor bajo un contexto realmente religioso pueden ser una evidencia de las flechas, pero no del arco mismo; aspecto que ha quedado en algunas elucubraciones, pero que se está empezando a manejar a través de la arqueología experimental.

Falta hacer un estudio más profundo de esta arma, su clasificación mesoamericana y evidentemente algunas pruebas de corte experimental ya comentadas, de las cuales hablaremos líneas adelante.

Siempre se ha dicho que la honda es el arma más sencilla que se puede utilizar en un campo de batalla. Igual que el arco y la flecha, ha tenido mucha utilidad en todo el mundo antiguo e incluso hoy en día. El caso mexicano resulta controvertido, ya que para poder fabricar una se requiere de manos experta, pues se trataba de un entramado de hilos de ixtle. Actualmente la técnica de fabricación de este tipo de arma casi ha desaparecido.

Básicamente, se deben ir enrollando una serie de hilos de ixtle hasta lograr que se forme una especie de pequeña canastilla o red al centro de la cuerda, que es la que servirá de base para sostener el glande, es decir, el proyectil de piedra.

En un extremo de la cuerda debe procurarse tejer una especie de argolla que deje pasar el dedo y del otro extremo un nudo que será el remate de la cuerda. Los glandes de honda estaban fabricados ex profeso para ello y según la información que nos brindan algunos cronistas en algunas narraciones sobre la conquista española, las mujeres se dedicaban junto con los niños a «hacer piedras rollizas para tirar con las hondas».

Recientemente, un amigo antropólogo que además es un experto en la fabricación de la honda me mostró cómo tirar con este artefacto. Sabemos que en realidad hay muchas técnicas del uso de esta arma. Finalmente muy parecidas, sea girándola por arriba de la cabeza, a un costado de forma muy vertical o bien bajo las técnicas de este antropólogo, en cuyo caso el planteamiento se torna distinto.

Se debe colocar incluso la muñeca en una posición adecuada para que la red que sujeta el glande pase por arriba de nuestra cabeza de forma inclinada y no totalmente vertical. Se da impulso a la cuerda junto con el proyectil perfectamente ajustado a la canastilla lo que finalmente con un movimiento específico permite que salga con gran velocidad y potencia.

Alrededor de cien metros de distancia es la capacidad de este tipo de arma para poder arrojar sus proyectiles. Para ser un arma tan primitiva creo que tiene un gran alcance, por algo todos los ejércitos de la Antigüedad, incluyendo los mesoamericanos, contaron con sus respectivos honderos. Sin embargo, es realmente limitado comparado con las posibilidades del átlatl.

No debemos olvidar que de las armas mesoamericanas de largo alcance se encuentran las piedras arrojadas con la mano. Fue algo muy común y mencionado en las fuentes así como en su representación en códices como el *Florentino* y el *Lienzo de Tlaxcala*. Las posibilidades de lesionar gravemente a un enemigo con una simple piedra arrojada con la mano son bastante grandes. En algunas láminas del libro XII del *Códice Florentino* podemos apreciar estos momentos en los cuales los indígenas tratan de repeler a los españoles entre otras cosas con piedras arrojadas con la mano.

Respecto a las armas defensivas podemos decir que son básicamente dos: el *ichcahuipilli* o peto de algodón recubierto con sal y los *chimalli* o escudos. Del primero la información es bastante fragmentaria, se menciona en algunas crónicas y parece que se ha representado en algunos documentos pictográficos.

Las manifestaciones escultóricas no lo han presentado, y evidentemente no contamos con un ejemplar arqueológico original dadas las características del material con el cual se manufacturaba.

Sobre los escudos contamos con más información, ya que son constantemente representados en los códices, mencionados en las crónicas españolas y ampliamente representados en el arte escultórico mexica. De hecho es una de las armas mesoamericanas, además del lanzadardos, que generalmente forma parte de los atributos militares característicos de las deidades mexicas.

Resultaría pertinente desarrollar un estudio profundo del escudo en la antigua Mesoamérica, trabajo que actualmente está en proceso de investigación. Sobre su fabricación se sabe de algunos tipos de escudo hechos de diversos materiales vegetales como carrizos, maderas y el ixtle, que era tejido y trabajado a la manera de la cestería.

Representación escultórica de un escudo mexica. Los artistas indígenas se dieron a la tarea de tallar ambos lados retratando parte de la estructura de agarre y decorado de los mismos. Etnologisches Museum, Berlín.

Debemos primero señalar que desafortunadamente la mayoría de los originales que quedan son más bien de tipo ceremonial, por lo que poco nos pueden decir respecto a su función en los campos de batalla; sin embargo existe un aspecto que puede apreciarse en los códices y quizá pueda ayudarnos a conocer la forma de sujetarlos: el tipo de escudo más generalizado era embrazado más que de puño. Esto representa un factor fundamental en torno a los elementos técnicos de combate, ya que permite un tipo de defensa más cerrada y no tan móvil como en el caso de los escudos que se sostienen con el puño.

Aunque también contamos con algunos ejemplos de escudos empuñados representados en los códices como en el famoso *Manuscrito Tovar* en su lámina 34, donde uno de los guerreros que están en proceso de efectuar el sacrificio gladiatorio sujeta un escudo de estas características. Un estudio más profundo del escudo mesoamericano, incluyendo

En esta imagen del *Manuscrito Tovar* se aprecia el ritual del sacrificio gladiatorio. El guerrero cautivo sujeta entre sus armas un tipo de escudo que podríamos considerar de tipo empuñado dadas las características que presenta en su agarre. *Manuscrito Tovar*, lám. 34.

claro está algunas pruebas de tipo experimental, nos permitirán ampliar el conocimiento de este extraordinario y emblemático artefacto del México antiguo.

En ese sentido hemos desarrollado algunas pruebas experimentales al arrojar sobre un escudo un dardo de átlatl, el cual después de haber sido arrojado con toda la potencia disponible del artefacto no se logró atravesar del todo el escudo.

Otra información que es de gran interés asociado al tema de las armas es el problema de la existencia de armerías en México-Tenochtitlan. Se sabe por distintas fuentes que efectivamente Moctezuma contaba con un edificio donde se almacenaban las armas. Según algunos autores como Francisco Hernández informan que esta «casa de armas» se caracterizaba porque en la puerta estaban clavados algunas insignias como son un arco y una especie de carcaj que en las fuentes es descrita como «dos aljabas» (Hernández de Cordova, 1959: 126).

En este aspecto lo que nos resulta llamativo es que tenemos constancia de que los mexicas no utilizaban el carcaj y sobre todo como ya mencionamos este artefacto no está registrado en las fuentes más tempranas, ya sean arqueológicas o documentales. Sea como fuere, sabemos que efectivamente los mexicas contaban con armerías y de hecho hasta un verdadero especialista, llamado *tlacochcálcatl* o protector de armas o jefe de la casa de los dardos, era el encargado de estos edificios.

Si analizamos algunas versiones de la manufactura de armas de otras sociedades mesoamericanas

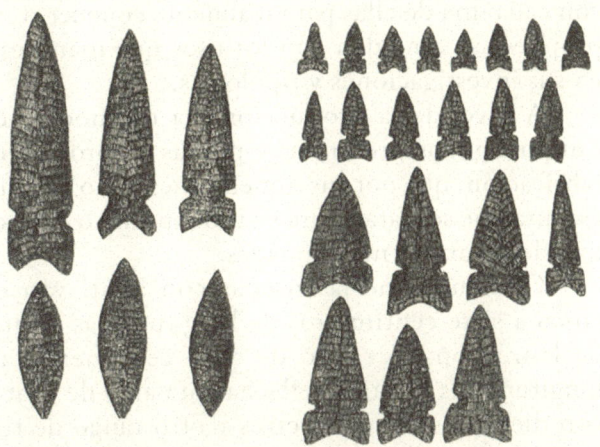

Este es el tipo de puntas de proyectil que dentro de la tipología de Alejandro Pastrana fueron fabricadas ex profeso para el uso militar. (Pastrana, 2007: 82).

podemos comentar cómo recientemente se ha explorado un sitio en Tenosique, Tabasco, donde se ha podido recuperar información de talleres especializados en la fabricación de armas y en cuyo yacimiento, San Claudio, explotaban el pedernal para fabricar puntas de proyectil, cuchillos y navajas.

El caso mexica se concentraba sobre todo en la Sierra de las Navajas investigadores como Alejandro Pastrana han podido conocer parte de los procesos de producción de ciertas armas. Pastrana propone un listado de puntas de dardo, puntas de flecha para arco, puntas de lanza con cierta morfología y tamaños muy específicos pero, sin embargo, no ha realizado experimentaciones con cada una de ellas para realmente conocer si sus propuestas coinciden con los usos que manifiesta en sus investigaciones y tipologías.

A nivel de la producción, ha reconocido en campo algunas preformas y puntas en proceso de fabricación, que por sus dimensiones, peso y forma asegura que se tratan para su uso específico en cada una de las armas mencionadas.

Comenta que las usadas con átlatl van de cinco a siete centímetros de longitud. Las puntas de lanza con un rango de siete centímetros de longitud. Las puntas de flecha para arco de cuatro con diez a cinco centímetros y otro rango de tres con diez a cinco centímetros, aunque desconozco si Pastrana ha fabricado y probado estas puntas. Para Pastrana, las puntas presentan una forma básica con variaciones y dimensiones que podría representar el prototipo de formas de uso exclusivamente militar. Faltaría reproducir estos ejemplos en arqueología experimental y probarlos con los respectivos artefactos para dar una visión más concluyente a este análisis tipológico previo.

Ya tenemos una visión general de lo que debieron ser las armas que utilizaron los mexicas, pero de acuerdo con nuestra base teórica no podemos dejar de establecer la relación directa entre las armas y lo que después son los sistemas de armamento.

Este es en realidad el verdadero problema con el que nos enfrentamos, ya que muchos han descrito cuales eran las armas mexicas, pero muy pocos se han dado a la tarea de tratar de unificar criterios para proponer un posible sistema de armamento en este pueblo, y mucho menos en desarrollar los debidos planteamientos tácticos de los mismos.

LOS SISTEMAS DE ARMAMENTO

El gran problema de establecer los sistemas de armamento mexica es una cuestión que aún está muy lejos de ser superada, primeramente porque a nadie le ha interesado establecerlos y proponer algunas posturas, y en segundo lugar porque, como ya hemos visto, las fuentes de investigación pueden ser bastante ambiguas y poco confiables además de contradictorias.

La asociación de sistema de armamento se supone que tiene una relación con dos factores básicos: el problema de los factores tecnofuncionales de las armas, el planteamiento táctico y su relación en el campo de batalla para el desarrollo de unidades específicas, y por otro lado, existen muchos casos donde el factor social asociado al uso de las armas es en cierta medida el que determina los sistemas de armamento en algunas sociedades de la Antigüedad.

Debemos recordar el caso del sistema hoplita en el mundo espartano donde estaba vinculado con la capacidad de los soldados para costear su propio armamento y generalmente aquellos que no podían pagarse un armamento mucho más eficiente quedaban relegados al asunto de las infanterías ligeras. ¿Qué podemos decir del caso mexica? Una vez más debemos recurrir a la obra de Ross Hassig para incorporar algunas de las pocas posturas que existen alrededor de este tema. Aspecto que sin duda quiero poner en la mesa de discusión para futuras líneas de investigación en el proceso de desenvolvimiento táctico en los campos de batalla.

Ross Hassig argumenta que el uso del armamento mesoamericano sí estaba de alguna manera sujeto a los sistemas de mando y a ciertos factores sociales, sobre todo en el uso de armas, pues las de choque tendrían una connotación social de la élite mientras que las armas de largo alcance estarían en el segundo nivel. Los argumentos básicos que propone son:

- Que las armas de largo alcance tuvieron un origen para la caza y que fueron en cierta manera asociadas a los grupos chichimecas.
- Que las armas de choque requieren de un adiestramiento más especializado al cual no todos tenían acceso.
- Que los arcos, flechas y hondas no tienen efectos tan devastadores como las armas de choque.

Desde mi punto de vista, los argumentos de Hassig no son del todo sostenibles por varios factores. No todas las armas de largo alcance tuvieron una relación con los chichimecas, salvo el caso del arco y flecha. El átlatl también fue empleado como un arma de caza y tiene mayores connotaciones simbólicas de prestigio que cualquier otra arma mesoamericana, pues como ya dijimos eran los dioses quienes se armaban con este artefacto más que con cualquier otro y el *macuahuitl*, arma de choque por excelencia, no aparece en ninguna deidad mexica.

Una de las bases de Hassig es fray Diego Durán, quien especifica en su *Historia de de las Indias de Nueva España e islas de Tierra Firme* que los sistemas de armamento estaban vinculados socialmente más que funcionalmente y que, de hecho, la ley así lo promulgaba: «Aderezado el rey y los grandes y todos los demás soldados con las diferentes de armas que sus grandezas les permitían, según las leyes».

No está de más analizar la relación existente entre la efectividad de un arma y su asociación con la élite, pues si bien es cierto que el entrenamiento con un arma de choque requiere ciertas habilidades, diría yo distintas, no necesariamente implica cuestiones exepcionales para la élite, y por tanto no significa que debería de ser un arma propia de esta. Debemos recordar que los elementos técnicos y de artes marciales en el México prehispánico son desconocidos, por lo tanto no podemos argumentar hasta qué punto en realidad era tan depurado su estilo como para identificarlo como un rango de la élite.

Lo que sí parece una relación mas directa con los estamentos sociales altos son las armas defensivas, ya que su manufactura requiere de un trabajo de especialización al cual efectivamente no todos tienen acceso, en cambio un *macuahuitl* lo puede hacer cualquiera. En este sentido, entraríamos en otro gran problema, el del abastecimiento de los ejércitos que estarán en gran medida auspiciados por el Estado mexica, una parte por la fabricación de los mismos y la otra producto de la tributación.

Un ejemplo destacable son las saetas para las armas arrojadizas, escudos que en realidad serían de corte ceremonial. Sin embargo, no se tiene registrado en documentos como la *Matrícula de Tributos* el que se solicitara a las provincias *macuahuitl* o lanzas.

Otro factor que permite establecer que no necesariamente la élite mexica portaba armas de choque y los *macehualtin* armas arrojadizas se aprecia en documentos como el *Mendocino,* donde guerreros de bajo nivel llevan consigo *macuahuitl,* véase el caso de la lámina 1 de este códice. Las esculturas como la Piedra de Moctezuma Ilhuicamina muestran a los guerreros ataviados con gran variedad de armas como son incluso el arco y flecha, cuyo uso no necesariamente está asociado a los grupos tributarios.

Debemos apuntar que en sociedades como la Europa medieval el arquero tenía un estatus mucho mayor que los ballesteros. Si bien son sociedades distintas en tiempo y espacio la realidad es que no necesariamente los sistemas de armamento están asociados únicamente a la base social y en el caso mexica pienso que obedece más a su función que a su connotación social.

Ya vimos algunas de las características de las armas pero que no resuelven el problema de la combinación en sistemas. En mi anterior trabajo propuse algunas posibilidades, que pese a estar sujetas a muchos cambios pueden citarse de entre ellas algunos ejemplos que, dado a las características de las armas empleadas, resultarán los más lógicos:

Uno de ellos sería el guerrero con *macuahuitl* como arma ofensiva, combinado con escudo e *ichcahuipilli* como armas defensivas. Este sería el sistema más común de los guerreros de choque, no sabemos si pudieran llevar como arma complementaria un cuchillo, sin embargo parece viable esta posibilidad.

¿Cuáles pueden ser las fuentes de investigación que permiten corroborar la existencia de este posible sistema? Básicamente varios documentos pictográficos nos muestran esta combinación. Véase por ejemplo el *Códice Mendocino,* el *Lienzo de Tlaxcala,* el Códice Florentino y el Códice Ixtlilxóchitl. De las pocas fuentes arqueológicas fidedignas, la escultura nos muestra la representación del *tepetlacalli* en los guerreros del Museo Nacional de Antropología de México.

Este tipo de guerrero combinaba golpes de *macuahuitl* con efectos cortantes y en cierta medida contundentes. Derivado de algunas pruebas experimentales, sabemos que esta arma no tenía mucho tiempo de vida en el campo de batalla, en realidad serviría para herir y aniquilar al oponente en sus primeros golpes. No tenemos información precisa para desarrollar las técnicas exactas de su uso. Por otra parte, debemos recordar que había dos tipos

En este ejemplo de uno de los relieves del Monumento de
Moctezuma Ilhuicamina el dios patrono del pueblo sometido,
en este caso Acolman, sujeta un arco y una flecha que no
necesariamente es indicativo de su uso en las sociedades
tributarias. Museo Nacional de Antropología, México.

básicos de *macuahuitl*, los de a dos manos y los de
cerca de setenta centímetros de largo.

En las representaciones de los códices no
se aprecia con claridad el primer caso de a dos
manos, ya que pensaríamos que un escudo con

las características del típico usado por los mexicas resultaría un estorbo en un guerrero con *macua-huitl* de estas características. La información del *macuahuitl* de a dos manos es más bien derivada de las narraciones de los conquistadores y por supuesto el cuestionable *macuahuitl* de la Real Armería de Madrid.

El segundo sistema de armamento que también es de los más evidentes en el mundo mexica sería el del lancero con escudo, de ahí que lo hayamos llamado *sistema de lanceros*. Las representaciones de este tipo de guerrero se encuentran tanto en documentos pictográficos como en cierta manera en las esculturas. Dicho sistema puede ser analizado en dos vías: los lanceros de combate cuerpo a cuerpo y aquellos que arrojaban jabalinas.

En algunos trabajos y ponencias previas, tuve oportunidad de presentar mis propuestas alrededor de la lanza mesoamericana reconociendo lo siguiente: el lancero cuerpo a cuerpo se compone del tipo de lanza que se ha denominado en náhuatl *teputzopilli,* que por sus características morfofuncionales estaba diseñada para el combate cuerpo a cuerpo y no tanto para ser arrojada, por ello este tipo de sistema era junto con el de uso de *macua-huitl* considerado desde mi perspectiva como de infantería pesada y combate frontal.

El segundo tipo de sistema lo veríamos en guerreros con un tipo de jabalinas denominadas *tlazontenctli.* De ellos tenemos evidencias en las fuentes y en algunos códices como el *Florentino* y el *Lienzo de Tlaxcala.* En ambos casos llevaban un escudo de protección, sin embargo la diferencia con el segundo tipo estriba en que su lanza estaba diseñada para el combate a larga distancia, y seguramente en el planteamiento táctico serían los primeros en aparecer en batalla.

Las versiones que tenemos de este sistema en la manifestación escultórica son un poco confusas. Monumentos como la Piedra mercantil o de los guerreros, la Piedra de Tizoc o el monumento de Moctezuma Ilhuicamina representan en diversos casos personajes armados con lanzas pero sin un sistema del todo claro y

Detalle de la Piedra de los guerreros o Piedra mercantil, donde los sistemas de armamento vislumbrados en la representación no corresponden del todo con las realidades con que los mexicas salían al campo de batalla. Museo Nacional de Antropología, México.

contrastable con lo que se aprecia en los documentos pictográficos.

Por citar un ejemplo, tenemos el caso de un guerrero que sujeta una lanza corta que podríamos considerar de tipo arrojadizo y del otro brazo sujeta un átlatl y escudo, no parece que la lanza sea en realidad el dardo para esta arma, sino más bien aparece como una lanza corta decorada con plumas, lo cual no concuerda con los lanceros cuerpo a cuerpo.

Como ya he mencionado en otros trabajos, la lanza tiene no sólo funciones para el estoque contra los enemigos, las armas de asta tienen muchas ventajas por la distancia que permite mantener al oponente, es viable hacer técnicas de sumisión con el asta y golpeo en diversas direcciones dependiendo de las técnicas que se usen. Desafortunadamente no tenemos tan claro estos aspectos para Mesoamérica, sin embargo se reconoce en diversas representaciones tanto en códices como en algunos ejemplos escultóricos el uso constante del estoque de arriba hacia abajo con dos manos.

En pruebas experimentales hemos podido corroborar la eficacia de este tipo de ataques contra una pata de cerdo traída de un rastro. Se logró lesionar gravemente la carne de dicho animal en estoque directo, consiguiendo un gran rango de penetración sin que necesariamente se rompieran las navajillas de obsidiana.

Otro sistema de armamento mucho menos reconocible es el de los guerreros que portaban mazo *quauhololli* y escudo. De ellos podemos tener una idea en el *Lienzo de Tlaxcala,* donde invariablemente portaban un escudo y seguramente *ichcahuipilli* en el interior del traje.

Los arqueros estarían en otro nivel de sistema. En realidad tenemos pocos ejemplos y de los que se pueden rescatar, como el caso de los que aparecen representados en el *Códice Mendocino* en su lámina 66 r., reconocemos un personaje con arco y flecha y como armas defensivas lleva *ichcahuipilli* y rodela. Otros ejemplos de este tipo de arqueros son reconocibles en el *Lienzo de Tlaxcala,* pero desafortunadamente algunos de estos son en realidad las representaciones de otros grupos étnicos que están siendo sometidos por los conquistadores y sus aliados.

Desde la perspectiva técnica debemos decir que es probable que para lograr un mejor tiro con su arco colocaran el escudo en la espalda como se aprecia en algunos ejemplos de documentos como la *Relación de Michoacán* ya que de otra manera sería incómodo para el tirador. Además es importante destacar que, de hecho, algunos cronistas como Torquemada hablan de arqueros arrodelados.

El segundo caso de infanterías ligeras lo tenemos con los que utilizan el átlatl. De ellos sí tenemos más representaciones en diversos documentos pero contrastan notablemente con las versiones de la escultura.

En su mayoría sujetan un átlatl, escudo y seguramente el *ichcahuipilli*. De igual forma, resulta un poco incómodo sujetar un átlatl y tirar con él cuando del otro lado se sujeta un escudo, aunque en menor medida que con el arco y flecha, como se ha podido comprobar en el desarrollo de algunas pruebas con lanzadardos y escudos experimentales donde ha quedado patente que permite menos posibilidad de maniobra que cuando no se tiene.

Los tiradores con átlatl llevan generalmente un manojo de saetas en la mano con la cual sujetan el escudo y no el mencionado carcaj. De hecho, los dioses aparecen con este mismo sistema cuando los vemos en las representaciones de códices y en algunos casos podemos observarlo en la escultura y en vasijas como la urna funeraria de Tezcatlipoca del Templo Mayor. Debemos destacar también que no siempre llevan escudo pero sí el conjunto de lanzadardos y saetas.

Finalmente, el sistema más sencillo y que realmente menos aparece en la representación escultórica y documental mexica es el guerrero con honda. De ellos sabemos más por sus representaciones en las figuras del occidente de México que cualquier otro. Generalmente llevan la honda, algunas veces en proceso de cargarla o tirar y algún tipo de coraza o peto defensivo, pero nunca aparecen con escudo. Podemos encontrar manifestaciones de ellos en el *Códice Florentino* y en el *Lienzo de Tlaxcala,* pero no están contemplados en la representación escultórica mexica conocida por el autor.

Ahora que tenemos una visión hipotética de lo que debieron ser los sistemas de armamento mexica, nos preguntamos si a partir de ellos existían unidades específicas de infanterías pesadas y ligeras y cómo se estructuraban en el campo de batalla para llevar un patrón posible de combate. Debemos razonar si tenemos noticia de planteamientos tácticos y si existía un patrón del mismo, especialmente para las guerras de conquista, pues las floridas presentan una problemática mucho mayor. Pero para realizar este análisis debemos conocer, a partir de la arqueología experimental, cuáles son las capacidades lesivas y defensivas de dichas armas.

Arqueología experimental de armas mesoamericanas

La arqueología experimental sobre el estudio de armas antiguas ha avanzado considerablemente a lo largo de estos años, aunque la esfera mexicana se ha quedado relegada en ese ámbito, ya que hasta hace poco que algunos colegas y un servidor no nos hemos dado a la tarea de hacer algunos proyectos que obviamente cuentan con sus respectivas deficiencias pero también algunos avances.

La arqueología experimental es también una gran herramienta para desarrollar otro mecanismo de difusión que ha sido poco tratado en México y que también comienza a tener cierto auge, el de la reconstrucción histórica.

Esta, cuya línea de investigación lleva ya muchos años en el continente europeo y nos recuerda cómo los visitantes a festivales históricos como *Tarraco Viva* en Tarragona gustan de vestirse como hoplitas griegos, guerreros iberos y muchos más, apoyados del ingenio y la academia de muchos investigadores para desarrollar trabajos de reconstrucción histórica y de arqueología experimental.

Realmente la historia de la arqueología experimental de armas en México es por demás precaria. De manera cronológica podemos hablar inicialmente de lo que en unas cuantas líneas don Francisco González Rul publica en un artículo dedicado a la reconstrucción de un *macuahuitl* y una *teputzopilli* museográficas para la entonces sala de la introducción a Mesoamérica del Museo Nacional de Antropología.

Prácticamente en cuestión de unas cuantas líneas el autor menciona el intento de prueba de sus reproducciones de la siguiente manera:

> Cualquiera de estas dos armas (*macuahuitl* o *teputzopilli*) era altamente efectiva dado su poder cortante pero con una notable deficiencia que consistía en la extrema fragilidad de las navajas engastadas, que solamente resisten (experimentalmente) un golpe medianamente fuerte sobre una superficie dura o semidura (chimalli de varas), saltando en fragmentos si se aplica con gran fuerza sobre una pieza de madera.

Para algunos autores este es el precursor de la arqueología experimental de armas mesoamericanas en México, que sin duda tiene un gran mérito más por la reproducción que por la prueba misma, que como aprecia el lector se describe únicamente en cinco líneas, hecho este comprensible por la época en que se estructuró.

No restamos mérito a esta reconstrucción que en los años sesenta fue un paso importante, pero dadas las condiciones actuales en las que se encuentra la arqueología experimental de armas a nivel mundial no podemos decir que fuera un trabajo completo.

Pasarían más de treinta años para que en el XXVII Congreso de la Sociedad Mexicana de Antropología en Veracruz, Jalapa, en el año 2004 una ponencia denominada *El macuahuitl mexica: una probable innovación armamentista del Posclásico Tardío en Mesoamérica* a cargo de quien esto suscribe, propusiera algunos de los experimentos y sus debidos resultados sobre arqueología experimental del uso del *macuahuitl* en el campo de batalla.

Este trabajo fue posteriormente publicado en formato de gran extensión del número 3 de la revista *Arms and Armour, Journal of the Royal Armouries* en Inglaterra en el año 2006, el cual ha tenido una gran acogida en el ámbito académico. Posteriormente, una versión más sencilla y de corte divulgativo fue publicada en la revista *Arqueología Mexicana* en su número 84 dedicado a la guerra. Entre estas publicaciones y el trabajo de González Rul como ya comenté, realmente no existía en el ámbito mexicano trabajo alguno sobre arqueología experimental de armas mesoamericanas.

Años después, en 2008 y 2009, el colega Alfonso Garduño Arzave desarrolló una tesis de doctorado sobre armas mesoamericanas incluyendo algunos trabajos experimentales de armas como el *macuahuitl,* los mazos y la llamada *arma curva.* Esto, sin duda, también es un paso en el desarrollo de la arqueología experimental de armas en nuestro país, sin embargo presenta sus debidas deficiencias sobre todo al analizar las conclusiones de estos trabajos.

Desafortunadamente, se presentaron algunos aspectos erróneos al concluir que se comprobaba con dichos experimentos que las armas mesoaméricanas estaban diseñadas para herir y no para matar, argumento que ningún colega ha tomado en serio pero que llenaron muchas páginas de internet con algo de excentricidad.

En algunos trabajos posteriores este autor publica varios años después en 2009 en la *Revista de Arqueología,* un artículo prácticamente idéntico al publicado en *Arms and Armour* y *Arqueología mexicana,* bajo el título «El macuahuitl (lanza de mano) un estudio tecnoarqueológico» omitiendo toda cita a los mismos, pero desacreditándolos entre líneas, considerándose en línea directa desde la investigación de González Rul de los años setenta. No sabemos si esto se debió a un ingenuo desconocimiento de estos trabajos, circunstancia algo paradójica en alguien que se dice experto en la materia, o simplemente como una necesidad de obtener algo de atención por parte del medio arqueológico. La labor historiográfica pondrá en su justo lugar a cada investigador en años venideros.

En fechas realmente recientes tuve oportunidad de conocer a un grupo con mayor credibilidad y honestidad académica en sus trabajos sobre

Proceso de manufactura de un macuahuitl experimental.
Después de ser colocadas las navajillas prismáticas en el canto
del arma, se bañan con resina de huizache ardiente como
pegamento.

arqueología experimental, me refiero al grupo de
lanzamiento con átlatl denominado Átlatl México.
Este fue originado hace ya unos cuatro años por un
equipo entusiasta de antropólogos que se dieron a
la tarea de investigar a gran profundidad lo que se
sabía específicamente del átlatl. Con el paso del
tiempo han logrado hacer unos magníficos ejemplares para poder utilizarlos y probar a gran escala
sus capacidades lesivas y sobre todo de longitud.

En realidad, durante estos años han podido
generar una gran experiencia y conocimiento del
lanzadardos echando abajo de forma contundente
las ingenuas teorías de Garduño sobre el poder

Teputzopilli experimental elaborado por Marco Antonio de la Cruz y Marco Cervera. Se utilizó resina de huizache como pegamento, madera de pino y navajillas prismáticas para lograr el filo de la hoja. Altura: dos metros (Archivo Marco Cervera).

lesivo de estos artefactos. Una de las más curiosas experiencias de este grupo es el haber atravesado con un dardo tirado con átlatl incluso artefactos de lámina parecidos a la carrocería de un automóvil, comprobando de esta manera la gran efectividad de esta arma.

Un lanzador experimentado ha podido llegar a arrojar un dardo a más de doscientos metros de distancia. Si bien el átlatl tiene ya un muy reconocido prestigio y diversos tipos de experimentos en varios países, en México no se cuenta siquiera con un verdadero grupo de tiro, pero es precisamente gracias a la labor de Átlatl México, que se empieza

165

a generar con mayor eficacia este tipo de trabajos en nuestro país.

En otras partes del globo se tiene información de diversos proyectos experimentales de armas mesoamericanas como son los de Bob Perkins, e incluso el mismo Ross Hassig ha participado en algunos aunque no fueron realmente publicados

Lanzadardos o propulsor experimental manufacturado por miembros del grupo *Átlatl México*.

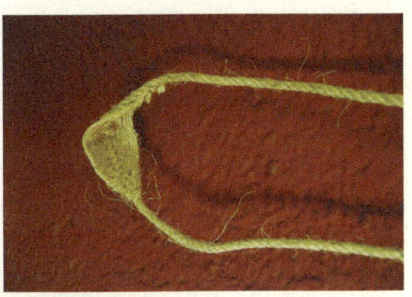

Detalles de hondas experimentales fabricadas en ixtle por miembros del grupo *Átlatl México*.

en su famosa obra de *Aztec warfare*. Obviamente, son el átlatl y en fechas recientes, el *macuahuitl*, las dos armas que han gozado de más pruebas y reproducciones derivado de lo exótico y característico de las mismas.

Por otro lado, algunas armas menos sofisticadas y llamativas como la honda han sido objeto de pruebas. Ross Hassig y algunos otros expertos han desarrollado algunas versiones llegando a conclusiones interesantes. Átlatl México también ha hecho algunas pruebas y son tiradores recurrentes que tienen técnicas de tiro a veces distintas a las de otros expertos. El tipo de honda que fabrican es con ixtle y está tejida a la usanza mesoamericana.

Uno de las grandes interrogantes sobre la arqueología experimental de armas mexicas es su grado de acción en contra del armamento español. Recientemente, desarrollamos algunas pruebas que valdría la pena publicar en este libro.

Pudimos conseguir una cantidad considerable de armas españolas que se aproximaban a los ejemplares que debieron ser utilizados en la época de la conquista: alabardas, espadas, ballestas y sobre todo un arcabuz.

Después de lograr la fabricación de armas mesoamericanas elaboradas sobre todo por el antropólogo José Antonio Casanova, pudimos desarrollar las siguientes pruebas:

- Atacamos un punto específico de una cota de algodón mexica con la punta de una alabarda logrando atravesar sin problemas al artefacto defensivo. Una prueba más fue la que nos llevó a tratar de identificar la capacidad del escudo mexica en contra de una espada española. Cuando tratamos de atravesarlo con dicha arma nos fue un poco difícil ya que increíblemente la espada se doblaba antes de poder atravesar el mismo.

- El enfoque de la siguiente prueba fue determinar la capacidad del arcabuz, es decir, el arma de fuego español por excelencia de este momento, en contra del chimalli o escudo mexica. Efectivamente se acertó con eficacia sobre el escudo comentado y si bien se logró una perforación no fue del todo destructivo como se hubiera pensado.

- Una última prueba que vale la pena mencionar es que tratamos de atravesar un peto de metal español con un tiro de átlatl con punta de obsidiana. Los resultados fueron interesantes ya que como se esperaba el tiro rebotó y la punta se fracturó del todo aun cuando el tiro lo desarrollamos con la mayor potencia lesiva posible.

Algunas de las conclusiones previas que podemos decir alrededor de la arqueología experimental de armas mesoamericanas son las siguientes:

- Las armas mesoamericanas efectivamente tenían un poder lesivo para herir y matar a los enemigos, por lo que desechamos toda teoría contraria.
- La generación de nuevos experimentos con los arsenales mesoamericanos restantes será motivo de nuevas formas de conocimiento de estos artefactos, resultados que deberán integrarse en los planteamientos tácticos y sistemas de armamento a la hora de interpretar las batallas.
- Finalmente los historiadores darán fe en sus ya venideros trabajos historiográficos sobre la guerra y armamento mesoamericanos; el respectivo y justo análisis de los que ha sido la generación de arqueología experimental de armas mesoamericanas en México.

VII

El problema táctico

En nuestro recorrido por la guerra en el México prehispánico hemos tratado de analizar varias de las generalidades de sus componentes, y en cierta manera el lector podrá darse cuenta de algunos aspectos que le son familiares a lo largo de estas líneas, sin embargo a lo que nos vamos a enfrentar a continuación ha sido asombrosamente dejado de lado por muchos investigadores y dado en muchos casos por hecho.

Pocos investigadores, salvo autores como Ross Hassig, se han detenido un poco más de una simple lectura de las fuentes a la hora de estructurar la táctica militar en el ejército mexica. Pero, ¿qué entendemos por táctica militar? Es la forma en la que actúan los ejércitos con efecto de ganar o perder una batalla, todo ello en relación con los sistemas de mando y especialmente con los sistemas de armamento y las unidades específicas. Todo ello nos lleva a comprender lo que podemos definir como los modos de combate.

Retomando algunos manuales y trabajos académicos europeos sobre los modos de combate, se distinguen tres tipos diferentes: combate en campo abierto, el combate al ras de las fortificaciones y el combate naval. Resulta sorprendente que de los tres mencionados son muy pocos los trabajos, casi contados con los dedos, en los que se han abocado de una manera clara y con un rigor académico y lógico a este respecto. Autores como José Lameiras, Ross Hassig y sobre todo Isabel Bueno en la parte dedicada a la guerra naval han brindado sus aportaciones. He de resaltar que en una parte de este capítulo y del subsecuente dedicado a las batallas fui apoyado previamente en la investigación por un pequeño grupo de alumnos de la FES Acatlán quienes desarrollaron un excelente trabajo para esclarecer parte de estos temas, por ello debo reconocer la labor de Carlos Tejeda, Juan Manuel Perdaza Velázquez y Alfa Viridiana Lizcano quienes se dieron a la tarea de leer muchas fuentes y analizarlas bajo los esquemas metodológicos propuestos.

De esta manera, nos preguntamos si esta clasificación tomada por Yvon Garlan en su magnífico libro *La guerra en la Antigüedad,* puede ser aplicada al caso mesoamericano y creo que la postura resultaría positiva con sus respectivos problemas de análisis. El asunto de los modos de combate en campo abierto sería totalmente aplicable a las campañas de conquista cuando los mexicas inicaron batallas y también sus diversos adversarios. No cabe duda de que el planteamiento en las denominadas guerras floridas es también aplicable, pero con un grado de dificultad mayor por las tradicionales características de este tipo de guerra.

El caso de los modos de combate asociados a sitios fortificados lo expondremos en los siguientes capítulos, y finalmente sobre el problema naval, que ha sido bien tratado por Isabel Bueno y de forma totalmente inédita para la comunidad científica mexicana, expondremos nuestros pormenores al respecto líneas adelante.

Muchos de los ejércitos de la Antigüedad desarrollan sus modos de combate como un derivado directo de su cultura. La fórmula básica para comprender los modos de combate es, desde mi punto de vista, la siguiente: la cultura y el desarrollo tecnológico combinan las capacidades individuales de los guerreros para formar sistemas de armamento que ya hemos visto, lo cual nos lleva a la posibilidad de crear unidades específicas, es decir, cierto tipo de guerreros que se han especializado en cierto tipo de sistemas de armamento y que cumplen una función específica en las batallas. Pero cuando esto sucede se desarrolla en algunos ejércitos lo que podemos llamar un patrón de modos de combate, en el cual el desenvolvimiento de las unidades específicas conlleva un consenso claro que se repite en la batalla.

En ese sentido y muchas veces bajo cánones también de tipo social, podemos decir que los combates se pueden desarrollar en formaciones cerradas o abiertas. La diferencia básica radica en que la formación cerrada busca la combinación de la fuerza de choque y ataque de todos sus elementos, es decir, el combate individual no es del todo factible, mientras que las formaciones cerradas no llevan necesariamente un orden y la actuación de los guerreros de forma individual e independiente. Es lo más funcional para este tipo de contiendas.

Los combates en campo abierto nos hablan de la posibilidad de que dos ejércitos homólogos desplieguen sus fuerzas, tal como si nos refiriéramos a un partido de fútbol, en donde cada unidad está colocada en una posición estratégica que permite debilitar y aniquilar al enemigo con la mayor eficacia, rapidez y menor cantidad de bajas y finalmente quien desarrolle un mejor planteamiento y presente la mejor maniobra será el ganador.

Bajo todos estos esquemas nos preguntamos si los mexicas al presentar batalla en campo abierto, como muchas veces se dio, llevaban algún tipo de patrón de combate establecido o bien se adaptaban a la situación dependiendo del oponente. He de decir, estimado lector, que otro factor fundamental que lleva a comprender el porqué de la derrota o victoria de un ejército se asocia con el terreno donde se lleva a cabo el combate, por lo que este no debe ser olvidado para comprender cuál era la situación mexica.

Así, en las siguientes líneas trataremos de esclarecer bajo una serie de análisis de fuentes escritas si los mexicas contaban o no con un patrón de combate y cómo se desenvolvía en el campo abierto. Insistimos de nuevo en que no es lo mismo un combate florido que uno de conquista.

LOS PLANTEAMIENTOS TÁCTICOS DE LAS GUERRAS DE CONQUISTA

Como vimos en capítulos anteriores, las guerras de conquista buscaban someter a diversos señoríos principalmente con efecto de buscar el tributo. Aquellos que se negaran a ello eran destruidos con toda la fuerza militar mexica, lo cual implicaba armas, modos de combate, formaciones de batalla y procedimientos tácticos específicos. Aquellos a quienes se les declaraba la guerra y que finalmente aceptaban un combate en campo abierto también desarrollarían un despliegue del ejército para enfrentar la amenaza. ¿Cómo se debía iniciar una batalla en tiempos mesoamericanos?

La información disponible en las fuentes escritas es rica en datos que nos ayuda a desvelar parte de estos aspectos. De acuerdo a estas, todo se iniciaba evidentemente con el despliegue de los ejércitos en disputa, estructurados en diversos bata-llones. Antes de comenzar la batalla se presentaban las arengas o discursos que los generales daban a sus guerreros, acompañado muchas veces de silbidos, gritos y aullidos para amedrentar psicológicamente a los enemigos. Considero que esta cuestión de las arengas es un tema que valdría la pena estudiar a fondo en posteriores investigaciones. Recuerdo que en el I Coloquio Nacional sobre la Guerra en el México Antiguo desarrollado en la FES Acatlán, UNAM en el año 2008 se presentó una ponencia que brindaba interesantes propuestas al respecto.

Los sistemas de comunicación que ya hemos descrito eran fundamentales a la hora de iniciar la batalla, la orden de ataque era transmitida a través de pequeños tambores que portaban los generales en sus espaldas o bien a través de caracoles con los cuales resonaba al viento.

Al parecer los primeros en la fila eran las unidades de infanterías ligeras bajo sistemas de armamento de honderos, lanzadores de dardos con átlatl, arqueros y es muy probable que lanzadores de jabalina o lanzas arrojadizas. Por detrás se agrupaban guerreros con armas de choque como son lanceros, guerreros con mazos, *macuahuitl*. Sin embargo, las formaciones podrían llegar a transformarse, pero bajo estas bases, guerreros con armas arrojadizas por el frente y los guerreros de choque por detrás. Los primeros evidentemente lo que buscarían era diezmar las filas enemigas antes de enfrentar un choque frontal. Un interesante ejemplo nos lo plantea Torquemada en este pasaje de *Monarquía indiana*:

> Al principio jugaban de hondas y varas como dardos que sacaban con jugaderas y las tiraban muy recias. Arrojaban también piedras de mano. Tras estas llegaban los golpes de espada y rodela, con los cuales iban arrodelados los de arco y flecha, y allí gastaban su almacén [...]

> después de gastada mucha parte de la munición,
> salían de refresco con unos lanzones y espadas
> largas de palo guarnecidas con pedernales
> agudos (que estas eran sus espadas), y traíanlas
> atadas y fiadas a la muñeca [...]

Con «las varas tiradas con jugaderas» es muy probable que se refiera al átlatl o lanzadardos. En este caso la fuente nos remite a una formación específica que desarrollaremos a continuación:

- Guerreros con átlatl, hondas y piedras con mano
- Sistema de guerreros con macuahuitl y escudos
- Guerreros con arco y flecha

Una táctica de combate interesante asociada a una forma de combate de guerrillas en la cual se ataca y huye para desestabilizar al enemigo se ve registrada en fuentes como *Historia eclesiástica indiana, 1*:

> Al primer encuentro volvían los unos las espadas como huyendo y los otros en su alcance matando o prendiendo a los que podían que quedaban postreros. Luego los que habían huido daban vuelta recios contra sus enemigos, los cuales también huían de ellos. Así andaban como en juego de cañas, hasta que se cansaban, y salían otros escuadrones de nuevo, y de cada parte tornaban a trabarse.
>
> Fray Gerónimo de Mendieta

Como vemos el inicio de las batallas se daba con armas arrojadizas, y de acuerdo a los trabajos experimentales serios sobre este tipo de artefactos, sabemos que podían llegar a causar graves lesiones y obviamente aniquilar a varios oponentes a distancias entre los cien y ciento cincuenta metros. Seguramente algunos guerreros, quienes se guarecían con sus escudos, en varias ocasiones debieron ser atravesados en el rostro y parte del cuerpo por fisgas con todo tipo de puntas de obsidiana, varas tostadas y en varios casos descalabros mortales con piedras tirados por la honda.

Entrado el combate cuerpo a cuerpo, las armas de choque hacían su aparición, los guerreros con mazos contundentes, lanzas como la *teputzopilli* que seguramente debía desgarrar y atravesar a sus enemigos en combinación con el *macuahuitl,* el cual causaría una cantidad importante de bajas en los ejércitos en disputa. Era viable la captura de prisioneros, pero no necesesariamente estos tendrían el valor que se les asignaba en las guerras floridas para efectos de sacrificio humano y movilidad social, lo que implica que en las guerras floridas debía existir un planteamiento táctico y despliegue de los efectivos de una forma muy diferente a la de las guerras de conquista, cuyo análisis se nos presenta mucho más difícil.

Los planteamientos tácticos de las guerras rituales

Como ya especificamos en el capítulo II, el objetivo de las guerras floridas era, ante todo, capturar prisioneros para el sacrificio. Los fundamentos de este tipo de combate nos permiten suponer que no existía motivo para aniquilar a sus enemigos, por el contrario no debía ser necesario el uso de armas que tuvieran las capacidades de lesión que ya antes analizamos aunque en cierta manera las llevaran, sobre todo cuando estudiamos las batallas donde el pacto de este tipo de conflictos se desarrollaba, es decir, en los seis señoríos descritos por las fuentes: Tlaxcala, Huexotzingo, Cholula, Atlixco, Tecóac y Tlilquiuhtepec.

Las guerras de conquista son todo un planteamiento del uso de las armas en toda su expresión, pero en este caso no se desea diezmar ninguna fila, ni aniquilar a ningún enemigo, por el contrario se trata sólo de someter bajo la fuerza bruta al enemigo y de igual manera el ejército contrario buscaría los mismos objetivos. Por ello nos preguntamos entonces cómo se debía desarrollar el despliegue del ejército y los planteamientos tácticos en una batalla donde no debe haber muertos.

Algunos cronistas como Fernando de Alva Ixtlilxóchitl consideraban que el número de efectivos en cada bando enemigo era fijo, realizándose las disputas en fechas específicas que coincidían con el inicio de cada mes de veinte días.

La hipótesis relacionada con los planteamiéntos tácticos de las guerras floridas más bien se establece no por una *formación de combate* en relación con los sistemas de armamento, sino probablemente a los sistemas de mando y de alguna manera a la experiencia en cuanto a la captura de prisioneros. Parece ser que los jóvenes inexpertos irían en las filas de atrás apoyados de los maestros,

179

mientras que los más veteranos y expertos estarían en la parte delantera para trabar combate y capturar prisioneros.

Sea como fuere, el análisis del combate en grupo para el desarrollo de las batallas tanto de conquista como floridas revela que era necesario un conocimiento claro de técnicas de combate, más aún si hablamos de las guerras floridas donde se daba mucho peso al combate individual, y el desarrollo de este no puede ser posible sin un conocimiento profundo de sus técnicas, que en cualquier parte del mundo pueden ser nombradas como artes marciales. De ser así, nos topamos con las siguientes preguntas: ¿Había artes marciales en el México antiguo?, ¿cómo eran?, ¿tenemos indicios de ello? Trataremos de responder a estas cuestiones en el siguiente apartado.

Las artes marciales en el México antiguo

Antes de hacer el desglose analítico quisiera llamar la atención del lector sobre el hecho de que las denominadas artes marciales han sido en realidad poco o más bien nada estudiadas para el caso mesoamericano.

Tal vez algunos neófitos del tema pensarán que esta sección intentará proponer que los mexicas conocían técnicas de kárate o judo para someter a sus oponentes, pero nada más lejos de mi intención que proponer tan ingenua teoría.

Es necesario recordar al lector que las artes marciales han existido durante siglos en buena parte del mundo, y todo pueblo que se preste de ser guerrero contaba con ellas, pero como he explicado en otras líneas, la guerra es sin duda alguna un producto de la cultura y por ende también las técnicas de combate individual son igualmente producto de la misma. Obviamente, las artes marciales no son únicamente el kárate, el *taekwondo* o el yudo, la diversidad y riqueza de las técnicas, orígenes y denominaciones de estas son muy variadas a lo largo y ancho del mundo.

Las artes marciales deben ser definidas como cualquier técnica de combate que permite utilizar el cuerpo como arma natural y como extensión de la misma cuando se brinda el uso de armas blancas.

Dichas técnicas, tal como las conocemos hoy en día se pueden dividir en dos: *strikers* y *grapplers*. Los *strikers* son todas aquellas artes marciales, sin importar época o lugar de origen, en las que sus técnicas principales se enfocan en diezmar al oponente basándose en el golpeo con cualquier extremidad o parte del cuerpo. Algunos ejemplos de ello son el kárate, el *taekwondo*, el savete, el Muay-Thai, el boxeo, la capoeira y el kung-fu entre otros.

Por el contrario, los *grapplers* buscan literalmente el sometimiento de sus oponentes, la fracturación de extremidades, proyecciones y asfixia en base a técnicas de sumisión mejor conocidas como llaves. Ejemplo de ellos son el yudo, el jiujitsu brasileño, el sambo y la lucha grecorromana.

En realidad, las artes marciales en general presentan un cuadro técnico mixto, aunque se incline de acuerdo a sus orígenes y necesidades en su contexto histórico hacia los *strikers* o los *grapplers*.

Hoy en día se plantean las llamadas *Mixed Martial Arts* (MMA) o Artes Marciales Mixtas) en donde los atletas de hoy en día como los luchadores del UFC se han dado a la tarea de mezclar técnicas de todo tipo para ser más completos, ya que desde hace muchos años, los alcances para desarrollar los estilos híbridos han brindado a los atletas y luchadores un mayor nivel combativo.

Por lo menos desde mediados del siglo XX se sabía por los fundamentos teóricos que desarrollara Bruce Lee que todas las artes marciales tienen deficiencias y virtudes, pero que en verdad ninguna es del todo completa.

Para los artistas marciales tradicionales uno sólo debe dominar un estilo y ellos defenderán a capa y espada que su sistema será el mejor sobre cualquier otro. Las vanguardias actuales señalan que la mezcla de estilos, *grapplers* y *strikers* ha sido una de las mejores formas de complementar la pelea, ya que en la realidad, dentro de un campo de batalla, lo que menos hay son reglas y la pelea, como diría Bruce Lee, es multidimensional hay golpes, patadas, arañazos y mordidas; finalmente, el objetivo de las artes marciales es salir con vida del conflicto, por lo que la mejor técnica, más eficiente y rápida es la que logrará la victoria.

Como puede apreciar el lector, la necesidad de proponer una hipótesis sobre el combate y el uso de artes marciales en el México prehispánico va más allá de contar con un fundamento antropológico o ser conocedor del México antiguo. Se han hecho algunos intentos de este tipo de investigaciones en otras latitudes mesoamericanas como en la zona maya en Yucatán. Sobre ella, Dehmian Barrales Rodríguez, un jóven investigador, desarrolló una tesis en arqueología de la Universidad de Yucatán en 2006 titulada: *Más allá de las imágenes de la guerra y la captura: evidencias iconográficas de la existencia de un arte marcial autóctono entre los mayas del Período Clásico*. Dicho estudio tiene algunas cosas interesantes para ser discutidas y es, sin duda, una buena aportación a nuestras investigaciones sobre las artes marciales mesoamericanas.

Creo que para fundamentar todo esto es conveniente tener un conocimiento no sólo teórico, sino preferentemente también práctico de lo que son las artes marciales. Es decir, no basta con saber de arqueología o antropología mesoamericana o, por el contrario, ser un experto en artes marciales y desconocer el mundo antropológico de Mesoamérica, lo ideal es contar con ambas visiones y concatenar el rigor académico del conocimiento mesoamericano y con la experiencia real de la práctica de las artes marciales.

Mucho de lo que aquí deseo exponer lo he venido trabajando desde hace ya algunos años, afortunadamente la experiencia que me ha dejado la práctica de las artes marciales mixtas como el Muay Thai, el kali filipino, el jiu-jitsu brasileño y el jeet kune do durante más de quince años me permite identificar en cierta medida algunas de estas bases de interpretación de las posibles artes marciales mesoamericanas, por supuesto sin dejar de lado los debidos fundamentos de rigor científico que la arqueología e historia mesoamericana exigen para lograr esta propuesta.

Las fuentes de investigación que tenemos para el conocimiento de las artes marciales mesoamericanas son demasiado fragmentarias. Por un lado, no contamos en realidad con códice alguno que especifique las formas de combate cuerpo a cuerpo de los antiguos mesoamericanos, aunque sabemos que existían por las narraciones de Durán algunos manuales y documentos que «guardaban las cosas referente al arte de la guerra», estos no han llegado hasta nosostros.

Por el otro, en la evidencia arqueológica hay pocas representaciones de escenas de combate en las que se puedan interpretar algunos detalles, entre ellos podemos mencionar el caso de figurillas del occidente de México en proceso de combate, el problema con esta figura específica es que existe la posibilidad de que sea falsa, ya que no contamos con un contexto arqueológico real, pero sí está publicada en algunos trabajos de investigadores de la talla de Richard Towsend.

Otro ejemplo lo encontramos en el mural de la batalla en Cacaxtla, donde se identifican diversas posturas y formas de combate, algunas de ellas de sometimiento de algunos enemigos.

Desafortunadamente, los ejemplos aquí mencionados no son del todo suficientes para recrear con todo el fundamento las técnicas de combate corporal de los antiguos mexicanos, además de que la heterogeneidad de los vestigios en tiempo y espacio no pueden ser necesariamente utilizados de igual manera para el caso mexica.

Así, la base para afirmar la posibilidad de conocer algo de las artes marciales mexicas está totalmente vinculada a la visión que tenían de la guerra, especialmente a las batallas floridas, de entre cuyos objetivos destacamos, una vez más, el de capturar prisioneros para el sacrificio y permitir la movilidad social de los jóvenes guerreros, sobre todo de la clase menos privilegiada. Esto representa una constante obsesión para los guerreros con afán de capturar vivos a sus enemigos y nos plantea la cuestión de cómo podía llevarse a cabo este tipo de captura.

Mi propuesta considera la posibilidad de que los mexicas fueran expertos en algún sistema de combate dedicado especialmente a la sumisión, del cual desgraciadamente no nos han llegado más registros para poder detallar sus técnicas. Pese a ello se encuentran algunas pistas al analizar los datos de algunas fuentes que permiten conocer algunos aspectos sobre cómo se llevaba a cabo esta captura.

Autores como Bernal Díaz comentan en su *Historia verdadera de la conquista de la Nueva España* que:

> Y en aquel instante vienen contra nosotros más escuadrones que de nuevo envía Guatemuz, y manda tocar su corneta, que era una señal que

cuando ella tocase, habían de combatir sus capitanías y sus guerreros de manera que habían de
hacer presa o morir sobre ello... saber ahora yo
decir con que rabia y esfuerzo se metían entre
nosotros a echarnos mano es cosa de espanto.

Según las fuentes, al parecer se arrojaban
sobre su oponente directamente a las extremidades con el fin de proyectarlos al piso y someterlos.
Asimismo, estas afirman que los jóvenes telpocht-
lis se arrojaban sobre un brazo, sobre el otro, sobre
una pierna, sobre la otra y sobre el cuello. Los
grandes maestros los acompañaban sobre todo si
se trataba de sus primeras batallas y les enseñaban
cómo cautivar a los enemigos.

De nuevo, la narración de Bernal Díaz del
Castillo ayuda a reconocer las posibilidades de
argumentación de estas hipótesis:

> [..] y cuando no nos catamos, venían tantos
> escuadrones de indios guerreros... que no los
> podían defender, aunque más les mataban que
> herían, y cuando peleaban tocaban la corneta
> de Guatemuz, y entonces habíamos de tener
> orden en que no nos desbaratasen, porque ya
> he dicho otras veces se metían por las puntas
> de las espadas y lanza para echarnos mano, y
> como ya estábamos acostumbrados a los reen-
> cuentros, puesto que cada día mataba y herían
> de nosotros, teníamos con ellos de pie con pie,
> y de esta manera pelaron seis o siete días arreo.

La base de estos sistemas era someter a sus
enemigos bajo diversas técnicas para capturarlos
vivos, es decir el uso de armas como el átlatl y el
macuahuitl de las cuales conocemos perfectamente

sus capacidades lesivas estaban de alguna forma limitadas, pues resulta evidente que si deseas capturar vivo a tu enemigo no vas a flecharlo o a lancearlo antes. Pese a ello las fuentes mencionan que aquellos que presentaran demasiada resistencia eran aniquilados: «Comienzan luego a aprehender muchísima cantidad de ellos y a atarlos y dejarlos en el suelo, siguiendo con grandísima furia el alcance de ellos y muchísimos que no se querían dar por bien, mataron». (Hernando Alvarado Tezozómoc, *Crónica Mexicana*)

Sin embargo, hay algunas narraciones muy sugestivas como las de fray Juan de Torquemada que sin duda pueden ser sometidas a discusión. Por un lado, plantea que los guerreros que trataban de capturar a otro lo hacían con gran esfuerzo y evidentemente los guerreros contrarios trataban de soltarse, es decir, claramente se está detallando un combate de sumisión. Pensemos en estas líneas: «Cuando uno prendía a otro, uno no se quería rendir llana, y graciosamente, sino que trabajaba y ponía fuerza en soltarse». Sin embargo, nos encontramos más adelante con una frase que es la que más nos llama la atención y puede sin duda estar sometida a una amplia discusión ya que Torquemada dice que «...hacía todo lo posible el prendedor, por dejarretarle, en algún pie, o mano, y no matarlo, por llevarlo vivo al sacrificio».

La palabra clave es *dejarretarlo*, derivado del verbo 'dejarretar' o 'desgarretar', considerado un verbo en desuso en la lengua castellana y mucho de su significado no aparece tan fácilmente en los diccionarios tradicionales de habla española. En algunas ocasiones aparece bajo el término de 'cortar', 'cercenar', 'amputar' o bien como 'cansar' y 'extenuar'. Tal parece que en estas líneas sí se manifiesta la postura de herir al oponente en un pie o mano para posteriormente someterlo. El concepto de desjarretar deriva también de la parte inferior de la pierna, denominada *jarrete*, lo que significaría que atacarían esta sección para posteriormente someterlo del todo.

Estas cuantas líneas representan un problema de interpretación, ya que implican que el uso de las armas, y quizá las más específicas para esta función, el *macuahuitl y* mucho mejor los cuchillos sirvieron para tal efecto bajo técnicas específicas que ya no nos han llegado.

Hasta el momento las fuentes escritas son bastante austeras al referirse a la forma en que los mexicas trataban de someter a sus oponentes, el hecho de desjarretar y someter aparece hasta donde tengo conocimiento sólo en esta fuente con ese lujo de detalle. Es probable que Alfonso Garduño se basara en esta cita para «demostrar» que las armas mesoamericanas estaban diseñadas para herir y no matar.

De ser así, yo opinaría que más que estar diseñadas para esto, su función principal era la de matar, pero que bajo técnicas especificas y no con todas las armas, se podía llegar a este tipo de funciones que aun así están sujetas a gran discusión, ya que el guerrero en cuestión podría sufrir una lesión grave que le impediría movilizarse hacia Tenochtitlan para llevar a cabo el sacrificio.

La otra posibilidad sería lesionar de alguna manera al enemigo pero no necesariamente cortando manos o piernas, sino de algún otro modo que debilitara al oponente y poderlo capturar de mejor manera. La palabra *desjarretar* se asocia al corte del jarrete, la parte alta y musculada por detrás de la parte baja de la pierna, que conocemos como pantorrilla, sin embargo en el texto afirma claramente mano o pie, lo que implicaría un debilitamiento por algún tipo de lesión.

Desde una óptica mucho más razonada y lógica resulta contradictorio que un guerrero mexica que está completamente ataviado con banderas, trajes de plumas, yelmo, y sobre todo con armas en mano puede tener las facultades necesarias para someter a un enemigo en igualdad de circunstancias. Partiendo de las bases antes mencionadas de las implicaciones reales y no ficticias, como algunos autores lo hacen, para interpretar la captura de un prisionero basta con ver los combates cuerpo a cuerpo que se desarrollan en el octágono del UFC donde dos luchadores con el mismo tipo de adiestramiento, alimentación, capacidades físicas se «revuelven y entretejen unos con otros, pugnando para quererse prender unos a otros», diría Durán.

Hay evidencia probada de que el sometimiento de un enemigo en estas circunstancias no es cosa fácil, implica un entrenamiento, capacidades técnicas y físicas muy desarrolladas, y se sabe de casos donde las peleas han durado hasta media hora. La diferencia con estos luchadores modernos es que no sólo no llevan trajes de plumas, banderas sino que son combates cuerpo a cuerpo sin uso de ninguna arma, pues ello dificultaría y prácticamente haría imposible el sometimiento. Peor aún, algunos luchadores han optado por quitarse los uniformes marciales que en ocasiones se han vuelto en su contra a la hora de combatir y salen sólo con un pequeño calzón.

Sabemos que algunas artes marciales contemporáneas a los mexicas pero desarrolladas en otras partes del globo como el kali filipino tenían algunas técnicas de sometimiento de sus enemigos a través del uso mismo del arma. El trabajo de palancas, llaves y estrangulaciones combinando técnicas de bastones de madera fueron muy eficientes en el combate contra los españoles en el siglo XVI. En el caso mexica desconocemos si existían algunas técnicas de sumisión en las cuales, por ejemplo, el *macuahuitl* tuviera alguna participación importante.

Las evidencias de este tipo de capturas a nivel iconográfico son prácticamente inexistentes. En realidad, en muchas imágenes esta idea de captura aparece cuando el enemigo ya ha sido sometido y generalmente se representan sosteniéndolos de los cabellos, como podemos observar en murales, esculturas, códices y hasta en pintura mural en diversas culturas y épocas en buena parte de Mesoamérica.

Resalta el hecho de que en las comentadas representaciones abunda la idea de ver a los

Un guerrero mexica sujeta de los cabellos a un enemigo.
Son sólo este tipo de detalles los que podemos reconocer
como parte del concepto de captura en las representaciones
iconográficas. *Códice Azcatitlan*, lám. 11.

guerreros sujetando de los cabellos a sus oponentes
para poder propinar cierto golpe con algún tipo
de arma, sea una lanza, mazo, etc. De ello puedo
poner como ejemplos la lámina XV de la *Relación
de Michoacán*, la estela maya n.º 7 de Itzimté, la
lámina 76 del *Códice Nuttall* y en algunas láminas
del *Códice Azcatitlan*.

Parece que después de lograr derribar al
enemigo, gran parte de la técnica de sometimiento se basaba fundamentalmente en restringir

la movilidad del enemigo, amarrándolo y deján-
dolo literalmente inmovilizado, lo que daba por
terminado el combate para poder continuar con
el siguiente enemigo durante la batalla. Algunos
autores como Tezozómoc afirman que se llevaban
sogas para amarrar a los cautivos, quienes después
de sometidos e inmovilizados eran dejados en el
suelo, y como vimos en citas anteriores, de hecho
eran los niños quienes llevaban las cuerdas para
esos efectos.

Desde la perspectiva cultural era indispensable que los guerreros mexicas sometieran de forma
personal a sus cautivos, así lo deja ver algunos
pasajes de fray Bernardino de Sahagún respecto a
la educación de los jóvenes quienes iniciaban su
instrucción a los quince años y a los veinte eran
llevados por vez primera a la guerra:

> [...] mira que te valdría más perderte y que te
> cautivasen tus enemigos, que no que otra vez
> cautivases en compañía de otros, porque si
> esto fuese pondrían otra oreja, que parecieses
> muchacha, y más te valdría morir que acon-
> tecerte esto. Y esto era grande afrenta para el
> tal y con esto se esforzaba a arrojarse contra
> sus enemigos para (que) siquiera en compañía
> cautivase a alguno [...]

Si un joven guerrero iba a la batalla más de
dos veces y no capturaba ni un solo enemigo era
llamado *cuexpalchicácpol* que significa «bellaco que
no ha sido de nada en las veces que ha ido a la
guerra».

Nos planteamos ahora qué sucedía si entre
más de uno cautivaban a un enemigo: sabemos que

tenían una serie de jueces que designaban quién había sido el principal sometedor o bien imponían la división del cuerpo del guerrero a la hora de las ceremonias posteriores al sacrificio humano.

Ello significa que debía someterse a un enemigo por cuenta propia aunque en ocasiones, sobre todo por parte de los guerreros inexpertos, se podía llevar a cabo entre varios. Diferentes narraciones hacen especial mención de lo que sucedía después de la captura, a quién sería desginado el cautivo y hasta en cierta manera cómo se dividiría el cuerpo, ya que recordemos que una de las ceremonias posteriores al sacrificio consitía en la antropofagia, y las partes del cuerpo del guerrero serían divididas entre los captores.

El principal guerrero que iniciara la captura de un prisionero pero con la ayuda de otros se dividiría el cuerpo de la siguiente manera en las ceremonias: el primero tomaría parte del cuerpo, la pierna derecha y el muslo. El segundo la pierna y muslo izquierdo y así sucesivamente.

Otros aspectos interesantes sobre el tema de la captura de prisioneros era que alguno de los guerreros al cual ya le habían asignado, derivado de sus habilidades en combate un cautivo, no podía delegarlo a otro compañero so pena de muerte. Si otro guerrero robaba el prisionero de un compañero también se le aplicaría la pena capital.

De hecho, cuando había una querella entre guerreros y los jueces no podían discernir quien fue el verdadero captor, preguntaban al mismo sometido y este debía decir la verdad de quien había sido su verdadero captor.

Por lo tanto, después de terminada la batalla y cuando todos los grandes capitanes, *tlacochcalactl, tlacatecatl,* contabilizaban los cautivos se iniciaba una serie de procedimientos incluso judiciales para adjudicar a cada uno el o los cautivos correspondientes. Cada guerrero debía custodiar a sus respectivos cautivos y ello, dada la gran obsesión de tener un número considerable en la batalla, era motivo de una movilidad de los prisioneros que sin duda eran tratados como algo sumamente preciado.

Sin embargo, más valía capturar alguno aunque fuera acompañado que no llevar nada pues esto representaba una gran afrenta. Ello significa que el tema de la captura de prisioneros era un elemento muy importante en la vida de los guerreros mexicas, y pese a que es un tema muy conocido ha sido poco analizado y cuestionado con la profundidad que se merece.

Bajo esta serie de argumentos de tipo cultural, social, ideológico y militar podemos con gran certeza afirmar que los mexicas eran en realidad, y sobre todo durante las guerras floridas, verdaderos maestros de las artes marciales, no sabemos su nombre, sus técnicas y modos de sometimiento pero eran seguramente unos expertos en el arte de la sumisión.

En resumen, no tenemos salvo el detalle de la desjarretada, un verdadero manual que describa bien a bien y con detalle cada una de las técnicas precisas de sometimiento. Es algo que quizá nunca sabremos, pero sí podemos afirmar que eran expertos luchadores y conocedores de técnicas de proyección, derribes asociados teóricamente a sistemas mesoamericanos de sumisión y *grappelo* que desafortunadamente no han podido llegar hasta nosotros, independientemente de los elementos técnicos que debieron ser útiles en el combate con armas.

En posteriores líneas haremos el análisis preciso de algunas batallas floridas en las cuales podríamos discutir y cuestionar estas posibilidades del uso de artes marciales de sumisión en el México antiguo.

La guerra naval

Hasta hace sólo un par de años el tema de la guerra naval se antojaba prácticamente desconocido en el mundo mesoamericano. Tendríamos que esperar la iniciativa académica de la doctora Isabel Bueno para generar alguna propuesta a este respecto en su interesante artículo «La guerra naval en el Valle de México» publicado en *Estudios de cultura náhuatl*. Estamos de acuerdo en que no es un tema que pueda generar demasiada información como sucede en el Viejo Mundo, pero sí una interesante perspectiva desde el ámbito mexica y mesoamericano.

Ya desde la aparición de la obra de Ross Hassig, *Aztec warfare: imperial expansion and political control* se mencionaba un término en náhuatl para designar 'armada', el *chimalacalli*, debido a que efectivamente lo que deberíamos llamar *armada mexica* está compuesta por una diversidad de canoas que estaban en efecto armadas o protegidas por escudos en todo el cuerpo de estas.

Parte de la información que contamos es que por un lado el ejército mexica no estaba realmente dividido en infantería y marina, aun cuando las capacidades de combate y defensa en este tipo de embarcaciones era muy común en el México antiguo. Estas canoas eran usadas para el transporte de víveres, materiales de construcción y muchos productos para comerciar, cerámica entre otros, en realidad los ríos y lagos eran las carreteras del mundo precolombino mexicano. Por ello, el manejo de estas embarcaciones era casi innato, pero también tuvieron un uso específico para la guerra.

Juan de Torquemada en su *Monarquía indiana* describe así los diferentes usos de las canoas:

> [...] los mexicanos, no sólo se ejercitaban en hacer barcos, para discurrir por toda la alguna, llevando muy delante las pescas, [...] pero también empavesaban sus barcos y canoas, ejercitándose en las cosas de la guerra, por el agua, entiendiendo que, adelante sería menester estar diestros, y prevenidos, en el arte militar, para el intento, que tenían siempre, de liberar su ciudad, por fuerza de armas.

Arqueológicamente se tienen registrados algunos ejemplares expuestos en la sala mexica del Museo Nacional de Antropología. Los códices y las narraciones de los españoles son ricos en información a este respecto. Fueron utilizadas para la invasión de poblados y ciudades desde posiciones seguras en todas aquellas poblaciones que estuvieran cercanas a ríos y lagos.

La tradición en el uso de estas naves para el combate no era exclusivo de los mexicas, en otras regiones como en la zona maya se tiene constancia como, por ejemplo, en pinturas murales de ciudades como Chichén Itzá donde se aprecia la representación de canoas que llegan a poblaciones transportando guerreros y quizá para someterlas en algunos casos, pues sabemos que parte de su entrenamiento consistía en ir sobre las canoas alanceando con el átlatl patos en los lagos.

Dentro de la historia mexica, fray Diego Durán y otras fuentes más registran hasta algunos métodos de desembarco y ataque desde las canoas o ataque a las ciudades cercanas a la laguna. Entre algunas de las batallas en las cuales estuvo involucrada la armada mexica en su historia, podemos contar los casos de cuando los mexicas participaban en diversas escaramuzas siendo mercenarios de los tepenecas de Azcapozalco y la batalla contra los de Texcoco. Con Izcóatl y en el reinado de Axayácatl también se tiene noticia de algunas batallas navales interesantes.

Una de las más características es la batalla que libraron los mexicas contra los de Cuitláhuac en tiempos de Izcóatl. La batalla en gran medida se resolvió gracias a la canoas. Una parte de las tropas mexicas de tierra llegaron a una zona llamada Tecuitlatenco y ahí esperaron a la armada de México con cerca de mil canoas en la laguna,

Una flota de guerreros está a punto de desembarcar durante
una batalla. El uso de armas arrojadizas para cubrir el
desembarco es mostrado antes de que los guerreros con
macuahuitl se presten al combate en tierra. Fray Diego Durán,
Historia de las Indias de Nueva España e Islas de Tierra Firme,
capítulo XIV.

efectivamente algunas narraciones como las del
padre Durán mencionan claramente esto, «y esperaron a la armada de México».

La verdadera prueba de fuego la tendríamos
durante los enfrentamientos con los españoles en el
lago de México y sus doce bergantines. Era lógico
que con una simple lluvia de flechas no derribasen
del todo a estas embarcaciones de mayor calibre,
por ello se improvisaron algunas tácticas como
colocar en el fondo del lago algunos mástiles de
madera para que ahí se fracturaran los cascos de
las naves españolas. Sabemos que lograron derribar
por lo menos dos o tres de la flota ibérica. Otras
veces ponían en posiciones difíciles a la escuadra
enemiga, quienes eran abatidos por las flechas
desde las canoas, inclusive tenemos noticia de

Las canoas guarecidas con escudos conformaban la armada mexica. En este documento pictográfico algunos guerreros se acercan en las embarcaciones para prestar batalla en tierra firme. Claramente se aprecian los escudos que protegen las canoas. *Lienzo de Tlaxcala*, lám. 48.

abordaje de canoas entre unos y otros que dieron lugar a enfrentamientos cuerpo a cuerpo.

De todo ello tenemos versiones muy gráficas en documentos coloniales como el *Lienzo de Tlaxcala,* el Códice Florentino o las imágenes que nos legaron de Durán los tlacuilos.

En la lámina 54 r. del libro XII del *Códice Florentino* se aprecia la llegada de los españoles, que son enfrentados en tierra por un contingente de guerreros mexicas y flanqueados por agua con un par de canoas con guerreros con átlatl dispuestos a abatirlos con flechas. En este caso, las canoas no necesariamente aparecen protegidas por los escudos con los que se daba nombre a la armada.

En cambio, en otros documentos como el *Lienzo de Tlaxcala* en su lámina 45, los españoles y tlaxcaltecas son flanqueados en la laguna por canoas en las que sí se aprecian claramente los escudos que rodean el casco de las naves. La diferencia es que en ellas, los guerreros están más

El *Códice Florentino* también muestra a algunos guerreros en sus respectivas embarcaciones flanqueando el ataque español y perpetrando sus defensas con dardos arrojados con *átlatl*.

dispuestos a desembarcar para dar batalla en tierra ya que sus armas son de combate cuerpo a cuerpo.

En las fuentes españolas se habla de más de dos mil canoas y algunas de estas fuentes, como Bernal Díaz, argumentan que había más de cuatro mil canoas en el combate contra Cortés.

De esta forma podemos concluir en este capítulo que las tácticas de combate mexicas aún siguen teniendo una desafortunada atención y no se ha llegado a discutir acaloradamente en los foros académicos la viabilidades de los sistemas de armamento, las formas de combate, los planteamientos y mucho menos el problemático asunto de las artes marciales. Es un tema que nuevamente dejo en la mesa de discusión. Como sabemos, se le ha dado mucho mayor peso al factor religioso, por ello no hemos dejado de lado este aspecto y será el tema del siguiente capítulo de este libro.

VIII

Guerra y religión

La religión mexica es sin lugar a dudas uno de los temas más famosos jamás tratados en la historiografía mesoamericana. La gran recurrencia de sus manifestaciones en la diversidad de fuentes de investigación lo hace el tema más estudiado por los especialistas de esta área. Esculturas, contextos arqueológicos como los de Templo Mayor, fuentes escritas como la obra de fray Bernardino de Sahagún y la infinidad de códices como el *Magliabechiano,* por citar un ejemplo, son ricos en información sobre ceremonias, representaciones de dioses, rituales, objetos suntuarios, entre muchos otros elementos que empapaban la vida de los mexicas día a día.

Como ya hemos detallado anteriormente, no sólo la religión sino también la guerra era una actividad constante en la vida del pueblo mexica; no es fortuito que muchos de los monumentos escultóricos religiosos estén en gran medida también asociados a la guerra. Como en cualquier otra sociedad de la Antigüedad, la guerra y la religión estaban en una íntima relación, y los factores ideológicos que ya en cierta medida están vinculados con las guerras rituales.

En cierta manera, las campañas militares de tipo ritual tenían su inicio en el campo de batalla, pero el momento cumbre se encontraba en las diferentes ceremonias y rituales posteriores al conflicto y la captura de prisioneros. En realidad, el hecho de sacrificar a un enemigo era sólo el principio de toda una parafernalia ceremonial y religiosa que en gran medida estaba dando continuidad a la campaña militar.

En el siguiente apartado vamos a analizar algunos de los aspectos religiosos que los mexicas practicaban antes y después de las batallas, no necesariamente en las guerras floridas, sino en realidad toda la serie de fundamentos religiosos que acompañaban en sus diversas esferas a los guerreros mexicas.

RITUALES PREVIOS A LAS CAMPAÑAS MILITARES Y OTRAS MANIFESTACIONES DE CULTO

Como el asunto de la guerra y la religión estaba impregnado en toda la vida mexica, contamos con ejemplos verdaderamente interesantes sobre cómo desde el nacimiento los varones mexicas estaban en realidad predestinados para esta actividad. Cuando nacían, cortaban el cordón umbilical del niño y lo amarraban a unas pequeñas flechas para posteriormente enterrarlos en el campo de batalla, símbolo todo esto de su futura actividad guerrera dentro de la sociedad.

Durante los preparativos de una campaña militar, también se llevaban a cabo fastuosas ceremonias. En el México antiguo se declaraba la guerra mediante embajadores que se daban cita ante el dignatario del pueblo que se deseaba someter. Los emisarios se presentaban en nombre del gobernante agresor y entregaban un presente: pomada blanca de albayalde (carbonato de plomo), plumas, un escudo y dardos para la guerra (*tlazonctenclti* o 'vara tostada').

El señor provocado se embadurnaba el cuerpo con la pomada y se colocaba las plumas en la cabeza. Si aceptaba la guerra, entregaba a cambio un bastón con navajas de obsidiana (*macuahuitl*) y un escudo decorado con una banda a manera de pétalo torcido (*yoxcoliuhqui*).

En una de las ceremonias que se daba asociada a la guerra, aquellos guerreros que eran elegidos en la fiesta de Xiuhtecutli, dios del fuego, donde mandaban pregonar la guerra a sus enemigos, escogían a los mejores guerreros.

En el mes de *Ochpantiztli* una de las partes más significativas del ritual que llevaban a cabo alrededor de la diosa Toci era cuando al final a los jóvenes guerreros que en realidad no habían ido aún a ninguna batalla, les entregaban armas y divisas como una especie de ceremonia simbólica de graduación.

Parte de la ceremonia consistía en que los jóvenes iban delante del señor de Tenochtitlan, formados, haciendo reverencias y tratando de llamar la atención. A cada uno que iba pasando le daba una dotación de armas como son *macuahuitl,* rodelas y algunas plumas como divisas. Resalta un hecho interesante narrado por Sahagún, pues quedaba claro que en ese momento los jóvenes eran transformados en verdaderos guerreros. Ello implicaba que debían algún día ir a la batalla, asunto que mortificaba a sus madres llorosas quienes acompañaban en el ritual. Así fray Bernardino de Sahagún en la *Historia general de las cosas de la Nueva España* dice: «Estos nuestros hijos que van ahora tan ataviados, si de aquí a poco pregonan guerra, ya quedan obligados a ir, a ella: ¿Pensáis que volverán más?».

En la fiesta del mes *Quecholli* se sabe que durante cuatro días se la pasaban fabricando armas, flechas con las cuales luego hacían una ceremonia en la que danzaban y se llevaban a cabo algunos autosacrificios con las mismas puntas de proyectil fabricadas en esos cuatro días. Esta fiesta se dedicaba por un lado a Huitzilopochtli pero también a Mixcóatl, deidad de la caza. De estas puntas se tienen algunos posibles registros arqueológicos ya que en algunas ofrendas del Templo Mayor se han podido recuperar una diversidad de puntas en tamaño y forma elaboradas de obsidiana.

Se tiene en realidad más información de las ceremonias aisladas con una especial connotación guerrera, que no necesariamente eran previas a una batalla en la cual el tema de la guerra era sin duda un pilar fundamental. Todo el libro II de la obra del padre Sahagún está impregnado de estas maravillosas ceremonias. Finalmente, los objetos arqueológicos como son la gran escultura monumental mexica como el Teocalli de la Guerra Sagrada, los monumentos de Moctezuma I y Tizoc respectivamente y muchas esculturas más de corte religioso también tienen mucho que contar en su iconografía sobre la guerra y la religión entre los mexicas.

RITUALES POSTERIORES A LAS CAMPAÑAS MILITARES

Una tradición mexica que en cierta manera fue impuesta a raíz de la independencia mexica del yugo tepaneca alrededor del año 1428, era el que todos los *tlatoque* elegidos para gobernar tenían que hacer una campaña militar previa a su entronización.

Esta campaña cumplía el cometido de someter a prueba al futuro *taltoani* para saber si era apto para la actividad militar. Aun cuando este personaje ya tuviera un renombrado prestigio militar, tenía la obligación de emprender un combate como verdadera prueba de su entronización.

Recordemos el caso de Moctezuma I, quien había participado en las guerras contra Azcapozalco y no por ello se le negó esta obligación, ya que se transformó en una verdadera tradición, que evidentemente terminaría con la captura de prisioneros y una fastuosa ceremonia y fiesta de coronación del gobernante. Esta sería un ejemplo del tipo de ceremonias que se desarrollaban posteriormente a las batallas, en este caso de tipo florido y de entronización de los gobernantes mexicas.

Tenemos algunos ejemplos de este tipo de ceremonias, en algunas ocasiones interpretados a través de los ojos de otras civilizaciones mesoamericanas contemporáneas a los mexicas. Véase el caso de los tarascos, de quienes analizaremos su forma de combate y estructura militar en otros capítulos. Las fuentes escritas mencionan que cuando las mujeres tarascas se enteraban de la muerte de sus hombres en el campo de batalla, es decir, cuando se les entregaba la cabeza de sus hombres envuelta entre mantos, probablemente de algodón, las depositaban esa misma noche cerca de los templos acompañadas de flechas, arcos, plumas, alimentos, todo lo cual se colocaba en una hoguera para ser quemado al final. Estas cenizas eran depositadas en vasijas de cerámica junto con más arcos y flechas para posteriormente ser enterradas. Entre tanto, en las casas de las mujeres viudas se escuchaban los lamentos y sufrimientos.

De todos los rituales y ceremonias más comunes que tenían lugar tras las batallas, el más importante era sin duda el asunto de los sacrificios humanos. No todo el sacrificio humano, tan conocido entre este pueblo, era producto de los cautivos de guerra, debemos recordar que en ocasiones algunas mujeres e incluso niños que formaban parte de la ceremonia principal, por ejemplo en la ofrenda a Tláloc los niños eran pintados de azul y decapitados para celebrar a este dios de la lluvia.

Sin duda el sacrificio humano fue innegable en Mesoamérica y más en el mundo mexica derivado de sus respectivos cautivos. Ya hemos analizado algunas de las posibles posturas de lo que debía ser la cuestión de su captura, traslado y lo que finalmente analizaremos aquí, su proceso de cuidados para su final muerte ritual.

Muchos de los sacrificios se asociaban a varios factores: para consagrar un nuevo templo o etapa constructiva del mismo; para la entronización de un nuevo *tlatoani*; en el caso de las guerras floridas, la implantación de nuevas políticas.

Recordemos los tres valores que tenía el cautivo: para el Estado mexica representaba una carga política importante de legitimación y poder; para los dioses la sangre y su alimento y para el guerrero que ha cautivado al individuo la posibilidad de prestigio y subir en la escala social mexica.

Ahora nos preguntamos, ya capturados los respectivos guerreros qué se procedía a hacer. Algunas narraciones del padre Sahagún mencionan que había unas casas especiales llamadas *malcalli* donde los sacerdotes denominados *cuauhehueteque* o sacerdotes viejos guardaban a los cautivos. Ahí se les daba de comer, beber y se les llegaba a sanar las heridas que debieron tener en combate. El trato que se daba a este tipo de cautivos era diferente si se trataba de guerreros capturados por gente de la nobleza *pipiltin,* ya que se les exhibía con buenas ropas de algodón, flores joyas y armas.

Los cautivos, al entrar en la ciudad de Tenochtitlan, comenzaban a danzar y gritar para que posteriormente los guerreros llevaran a cabo la ceremonia de presentación de sus cautivos. En ella estaban evidentemente presentes el *tlatoani,* los principales sacerdotes y guerreros. Se dirigían al Templo Mayor de Tenochtitlan, rodeaban el *cuau-hxicalli* o vasija escultórica de piedra en donde se llevaría finalmente el acto de inmolación de sus respectivos cautivos.

Parte de la ceremonia de presentación llegaba hasta el templo del *cihuacóatl* y el *tlatoani* para después ser entregados a los resposables de cuidar-los y alimentarlos en la casa especial de cautivos, paso previo a su ceremonia sacrificial.

Podía suceder que si al encargado de custo-diar este lugar se le escapaba alguno, los habitantes del barrio de donde se escapase el cautivo, ya que había varias de estas casas de cautivos por barrio, presentasen a una joven para suplir la pérdida del cautivo.

El día anterior a su muerte los cautivos pasa-ban toda la noche cantando y en vela junto con los guerreros que les habían cautivado. En reali-dad, muchos de estos actos ceremoniales se tornan un poco ilógicos a los ojos de los occidentales. El hecho de que los cautivos convivieran con sus captores antes de su muerte nos habla de los valores simbólicos que esta sociedad daba a este tipo de ceremonias.

Parece ser que a medianoche, los ofrendantes cortaban un mechón de pelo de la coronilla de sus cautivos para guardarlo, pues consideraban que en el residía mucha de la energía y poderes simbólicos del guerrero.

Al día siguiente los pintaban, les colocaban algunos tocados de plumas, y posteriormente eran llevados de los cabellos a la piedra de sacrificio para ser entregados al sacerdote o sacrificador. Previamente a su muerte les hacían danzar.

Existían diversas muertes rituales, una de ellas muy relacionada con la guerra y a la que dedicaremos varias líneas de análisis era la del *rayamiento* también conocido como *gladiatorio*. Consistía en subir a uno de los guerreros capturados a una gran piedra circular denominada *temalácatl* para combatir contra otros oponentes. Generalmente estos guerreros que iban a ser sacrificados destacaron en el proceso del combate en plena guerra, muchas veces se encontraban dentro del sistema de mando de sus ejércitos en algunos puestos de gran nivel como generales o capitanes. Ello representaba de alguna manera todo un honor para los guerreros que habían tenido un combate de nivel, pero que finalmente fueron capturados, ya que se les daba una segunda oportunidad de demostrar su arrojo.

La idea era presentar un combate contra varios guerreros mexicas en la parte superior de estas enormes piedras, sin embargo aun cuando este aspecto es muy conocido y ha sido motivo del desarrollo de muchos textos y artículos, uno de los más recientes es el de Isabel Bueno en la revista *Gladius*, que aún presenta desde mi particular punto de vista algunas cuestiones polémicas.

Se invitaba a varios señores de otros pueblos para que presenciaran la ceremonia, que servía en parte como un espectáculo, pero que en realidad, por la naturaleza ceremonial del acto, llevaba por detrás un mensaje político de sometimiento a los enemigos.

Resulta curioso decir que los guerreros capturados que iban a presentar esta batalla ritual debían mostrar valor y coraje, en parte por el prestigio personal y en parte por el de aquellos que los habían capturado. Algunas fuentes mencionan que hubo ocasiones en las que algunos guerreros que al subirlos en el *temalácatl* se rendían enseguida ante los respectivos oponentes desprestigiando a sus captores.

El cautivo era en realidad armado con un bastón de madera y plumas, simulando un verdadero *macuahuitl* y cuatro piñas de pino que le servirían de proyectil. En su contraparte, los oponentes irían verdaderamente armados bajo el clásico sistema de armamento de *macuahuitl* y escudo.

Respecto a los contrincantes del cautivo existen algunos aspectos a considerar. La mayoría de los investigadores coinciden en que se trataba de cuatro guerreros diestros en combate, pero algunos fundamentos de tipo lingüístico hacen pensar a estudiosos como Yólotl González que se podría tratar de guerreros-sacerdotes. Esto es porque en algunas fuentes como en el *Códice Florentino* se les denomina *tetlenamacazque,* nombre compuesto que asocia a estos individuos con la facultad de ser efectivamente sacerdotes.

Por otro lado, en la obra de fray Diego Durán se comenta que Moctezuma solicitaba a algunos individuos que se encontraban recluidos en los templos que se entrenaran en el sacrificio de rayamiento y se les recompensaba posteriormente si accedían.

En las diversas manifestaciones iconográficas de este ritual, como por ejemplo las del *Códice Magliabechiano,* aparecen representados guerreros águila y jaguar que debían enfrentarse al guerrero cautivo y no eran en realidad sacerdotes.

Algunos textos hablan de varios, en otros se especifican cuatro guerreros como ya comenté, dos águila y dos jaguar que en caso de ser derrotados, al enemigo en cuestión le esperaría el plato fuerte, un guerrero zurdo.

Qué podemos decir de las manifestaciones arqueológicas de este ritual. Se ha mencionado en sobradas ocasiones e incluso se han dado algunas posturas encontradas sobre la función y características de algunos de estos monumentos arqueológicos. De los más conocidos, como son las piedras de Moctezuma Ilhuicamina y la de Tizoc, se ha dicho mucho, sobre todo de la piedra de Moctezuma I que despertó cierto interés en su descubrimiento y en gran medida polémica entre investigadores,

El sacrificio gladiatorio en una lámina del *Códice Magliabechiano*. Se aprecia que el guerrero capturado está sujeto a un tipo de *temalácatl* de menor formato que los conocidos, un tanto parecido a las versiones arqueológicas correspondientes.

por cierto ya fallecidos, como fueron José Alcina Franch y Felipe Solís. Se discutía si este monumento escultórico era en verdad un *cuauhxicalli* y *temalácatl* o únicamente el primero, es decir, la piedra de sacrificios en la cual se colocaba la ofrenda sagrada, el corazón.

De tratarse de un *temalácatl* o piedra para desarrollar el sacrificio gladiatorio antes comentado, en teoría este tipo de artefactos según las descripciones sobre el desarrollo del mismo, deberían llevar en la parte central de la piedra algún tipo de argolla que permitiera amarrar un extremo el lazo del cual se supone que el guerrero está atado, tal como aparece en las imágenes del *Códice Magliabechiano*.

Por otro lado, en algunos otros documentos como las láminas del padre Durán, aparece la muerte ritual de un prisionero a quien se extrae el corazón colocando su cuerpo en una piedra muy similar a la empleada para llevar a cabo la inmolación. Ello significa que nuestra polémica aumenta ya que no sólo basta reconocer si se trataba de un *cuauhxicalli* o un *temalácatl,* sino si además era usado para el sacrificio mismo como *téchcatl* o piedra para llevar a cabo la muerte ritual.

Detalle del posible *temalácatl* de Moctezuma Ilhuicamina. Considerado como el ejemplar de mayor formato de este tipo de monumentos arqueológicos. Museo Nacional de Antropología, México.

De acuerdo a las fuentes era llamado *de raya-miento*, ya que si el guerrero cautivo era herido por alguno de los cuatro enemigos, era considerado como perdedor y por tal motivo debía ser sacrificado extrayéndole el corazón en el mismo monumento.

De acuerdo con las características más obvias de los monumentos antes comentados, por lo menos podemos asegurar que en ellos se depositaba el corazón de los sacrificados y se llevaba a cabo la muerte ritual, pero las evidencias materiales no aseguran su uso en torno al ritual de rayamiento.

Recientemente, Eduardo Matos Moctezuma y Leonardo López Luján han publicado un libro sobre la escultura monumental mexica en la que brindan sus propuestas sobre el problema de estas dos piedras. Desde nuestra perspectiva, en realidad nos interesaría saber si ambos monumentos cuentan con una argolla o elemento que permita sujetar al guerrero en cuestión con un lazo, seguramente de ixtle. En muy pocas ocasiones se observa la parte central de la oquedad de ambos monumentos.

En el caso del *cuauhxicalli* de Moctezuma I o piedra de Moctezuma Ilhuicamina encontramos con que al fondo aparece la representación de un rostro masculino, que para muchos se trata de la representación del dios del sol. Nos preguntamos en realidad de dónde puede ser sujetado el guerrero para llevar a cabo el sacrificio gladiatorio, pues no tenemos argolla y algunos autores, como Eduardo Matos, sugieren que de la nariz del personaje, ya que cabría la posibilidad de traspasar un lazo de la misma para atar después al guerrero.

Respecto al segundo monumento el problema se acentúa más, ya que la pieza sufrió una fractura en la mencionada oquedad, lo que imposibilita comprobar las hipótesis tradicionales de la función del monumento. Para Alfredo López Austin y Leonardo López Luján efectivamente no se cuenta con la sección para traspasar la cuerda, por lo que llegan a la conclusión de que solamente se trata de un *cuauhxicalli*, hipótesis con la cual también estoy de acuerdo. Es evidente que estas teorías están basadas en el contraste de las fuentes históricas antes mencionadas.

Sin embargo, no debemos olvidar que no son los únicos ejemplares que hipotéticamente servían para estos fines y que han llegado al registro arqueológico. Existen otros ejemplares, en realidad mucho más pequeños que los anteriores, algunos de los cuales forman parte de las colecciones arqueológicas del Museo Nacional de Antropología.

Muy a diferencia de los otros dos, existe un ejemplar del Museo Nacional que no tiene una gran iconografía, solamente aparecen algunos *chalchuhuites,* rayos solares y diseños cruciformes, su tamaño es mucho menor y en contrase, esta pieza sí cuenta con la oquedad y una barra atravesada que sin duda alguna permite suponer que era ahí donde se podía amarrar el lazo para mantener sujeto al guerrero en combate.

Existen algunos otros ejemplos desperdigados en colecciones de museos del territorio mexicano.

Uno de ellos el disco de piedra del Museo de Cuahutetelco estudiado por Nelly Gutiérrez Solana en su magnifica obra sobre escultura mexica y el de la escultura del Centro Regional de Puebla, que posiblemente tenga los mismos fines.

Muchas de las piedras menores mencionadas tienen la sección para colocar la cuerda, pero a diferencia de las más afamadas, cuentan con una oquedad que traspasa todo el monumento.

Lo raro de las poco conocidas es que son muy pequeñas para que verdaderamente pueda llevarse a cabo el sacrificio gladiatorio como en la tradición, esto es, arriba del monumento. La del Museo Nacional de Antropología es de noventa y dos centímetros de diámetro, la de Puebla de noventa y nueve centímetros de diámetro y la de Morelos cuenta tan sólo con sesenta y siete centímetros en constraste con los doscientos sesenta y siete de la de Tizoc, por ejemplo.

Prácticamente en cada una de las piedras de menor tamaño, se tienen muy pocas posibilidades para que una persona parada esté en una posición favorable para un verdadero combate gladiatorio

Ejemplar arqueológico de temalácatl o piedra para el sacrificio gladiatorio. En sus elementos iconográficos resaltan los rayos del sol. Museo Regional de Puebla, México.

Encontrado entre los escombros de una capilla del siglo VI
en Cuauhtetelco, Morelos. Rayos del sol, púas de maguey y
chalchihuites decoran este monolito, estos últimos asociados
al líquido preciado de la sangre y al sacrificio. Museo de
Cuauhtetelco, Morelos, México.

y mucho menos para que este se desarrolle con
dos personas. Ello responde a que este tipo de
monumentos menores servirían, como aparece
efectivamente en algunos documentos como el
Magliabechiano o en las versiones de Durán, como
una especie de ancla para mantener al guerrero
sujeto sin que necesariamente se desarrollara el
combate arriba como en sus hipotéticas contrapar-
tes de Moctezuma I y Tizoc.

Lo menciono ya que en algunos casos se ha
interpretado que la batalla en los monumentos
más grandes se desarrollaba exactamente arriba
como si se tratara de un *ring*, entre tanto las más

pequeñas servirían, como se aprecia en los códices, a manera de ancla ya antes mencionada.

Una interpretación de este tipo la tenemos en los trabajos de John Pohl quien en su libro *Aztec Warrior* ilustra el combate gladiatorio arriba del Monumento de Moctezuma I, muy seguramente interpretando algunas láminas como la que se ve en documentos como el *Códice Florentino*. En realidad, los guerreros en disputa están abajo y deberían subir para poder hacer un verdadero daño al oponente. Al parecer la cuerda sería lo más corta posible para que de alguna manera se impidiera que el guerrero atado bajara de la piedra, que sería su límite de acción, mientras que los oponentes podrían llegar desde cualquier punto para atacar.

Desde la perspectiva analítica del combate, sería lógico pensar que se desarrollaría con mayor dinamismo y en cierta forma más fácil para el cautivo que fuera amarrado a los monumentos menores, ya que su campo de movimiento defensivo, sería mucho mayor al de las piedras de Tizoc y Moctezuma que les limitaría el espacio al diámetro mismo de la escultura, además de que el estar combatiendo en la parte superior de una escultura con relieves, incluso la misma oquedad, sería motivo de seguros tropiezos que mermarían las capacidades defensivas del guerrero en el ritual y, evidentemente, se requeriría de mucha mayor destreza en estas que en las menores.

Dejando atrás esta ceremonia del sacrificio gladiatorio y considerando que era un ritual previo a la muerte ritual por extracción de corazón, mencionaremos algunos otros ejemplos de muerte ritual asociados al sacrificio humano.

Existían otras formas de muerte ritual como son por *flechamiento*, ahogamiento, lapidación, ahorcamiento, degollamiento, las cuales no detallaremos en este libro pero que sin duda formaban parte del cúmulo de ceremonias que estaban muy ligadas a la guerra. De hecho existe una conexión inseparable que los investigadores hacen de este ritual con el combate, hasta el punto que automáticamente en cuanto ven evidencias de sacrificio lo asocian con la actividad militar.

Como ya mencioné, no en todos los casos de sacrificio se puede automáticamente hablar de guerra y no necesariamente debe existir una muerte ritual para ello. Sabemos, por ejemplo, que en algunos edificios principales de Tenochtitlan se llevaban a cabo rituales militares en los cuales la automortificación era esencial por parte de los guerreros.Uno de los templos donde se realizaba este tipo de autosacrificios militares era en la Casa de las Águilas, en el costado norte del Templo Mayor.

En 1995 se llevó a cabo la V Temporada de Exploración del Templo Mayor, en la cual tuve oportunidad de participar. Uno de los principales objetivos de esta temporada fue la exploración exhaustiva del llamado Recinto de los Guerreros Águila. Es realmente sorprendente la cantidad de información obtenida de estas exploraciones, cuyos resultados han sido publicados en *La Casa de las Águilas, un ejemplo de arquitectura religiosa en Mesoamérica* de Leonardo López Luján.

En él se ofrendaron y depositaron los restos de algunos personajes de alto rango del sistema de mando de los ejércitos mexicas, sobre todo en algunos casos como una ofrenda localizada en uno de los accesos al recinto y que precisamente tuve la posibilidad de excavar. En ella se recuperaron vasijas ceremoniales de las más diversas procedencias, tres en específico: de la zona teotihuacana del tipo anaranjado delgado, un botellón policromo y finalmente una olla plumbate de los altos de Guatemala. En esta última sobre todo, se recuperaron los restos óseos incinerados de lo que para López Luján podría tratarse de un *tecuhtli* o señor o bien de un militar de alto rango. Este edificio es particularmente famoso por el par de esculturas de barro del dios Mictlantecuhtli que aparecieron por debajo de la Calle de Justo Sierra.

Algo bastante sugestivo es que López Luján considera en este estudio que este recinto podría tratarse del *Tlacochcalco* o 'lugar de la casa de los dardos' o bien del *Tlacateco* 'el lugar del gobierno de los hombres', donde el *tlatoani* iba a hacer penitencia previamente a su entronización. Hay varios datos arqueológicos que probablemente lo confirman, pero quedará sujeto a discusión.

Otra parte fundamental de las ceremonias asociadas a la guerra eran los rituales funerarios de guerreros, personajes de alto rango en el sistema de mando militar y sobre todo de los *tlatoque*.

Una de las fuentes de investigación que ha brindado muchos frutos en este aspecto es sin duda los hallazgos de ofrendas del Templo Mayor. Uno de los complejos más representativos de ello son las ofrendas funerarias estudiadas por Ximena Chávez. Por evidencias arqueológicas se sabe que la cremación de los restos de personajes importantes fue una de las constantes en estos rituales. Un ejemplo lo tenemos en las siete urnas depositadas en el centro del Templo Mayor con restos óseos cremados de individuos que se piensa pudieron ser militares importantes. Cuatro de estas se colocaron en la parte superior ubicada en el adoratorio de Huitzilopochtli, mientras que las tres restantes fueron depositadas en la zona inferior, próximas al monolito de Coyolxauqui, lugar asociado posiblemente a los enemigos.

En las urnas asociadas al adoratorio de Hutizilopochtli estaban los cuerpos de dos individuos jóvenes de entre veintiuno y veinticuatro años. Uno de ellos se depositó a los pies de la peana donde se colocaba la efigie de Huitzilopochtli, lo que le confiere una gran relevancia asociada posiblemente a un gran dignatario.

Los restos humanos depositados en la plataforma asociada al monolito de la diosa luna son más reveladores. Fueron colocados en urnas de color anaranjado con representaciones de dioses ataviados como guerreros. Uno de estos individuos de entre veintiuno y veinticuatro años presentaba huellas de violencia al no contar con algunos de sus incisivos, producto esto de algún accidente o ataque. Asociado a ello se observa que cuenta con inserciones musculares muy marcadas, lo que hace evidente una actividad física constante durante muchos años. Autores como Eduardo Matos lo relacionan con algunos efectivos de ejércitos enemigos caídos en combate y depositados como ofrenda.

Finalmente, trataremos un aspecto en realidad poco trabajado en México, dado lo susceptible que puede resultar. Nos referimos al asunto de la antropofagia en el México antiguo y su destacada asociación con las actividades militares de los mexicas. Sabemos de antemano que esta, más conocida como canibalismo, era una práctica común mexica posterior a la muerte ritual de los cautivos de guerra.

Era muy común en las sociedades antiguas el hecho de que los guerreros se comieran bajo diversos contextos el cuerpo de sus enemigos, fueran capturados o aniquilados en el campo de batalla. Mucha de esta «gastronomía» ritual estaba asociada con la adquisición de los poderes y fuerza de sus enemigos a través de la ingesta de algunas de sus partes corporales. En muy pocas narraciones de los cronistas se cuenta como los mexicas hasta utilizaban algunas ofensas y amenazas a sus enemigos promulgando que «nos los comeremos con chile». El mismo Conquistador Anónimo afirmaba que «no dejaban con vida a ninguno que prenden aunque fueran mujeres hermosas las mataban a todas y se las comen».

Según Yólotl González Torres no se menciona este tipo de canibalismo entre los mexicas, en las fuentes escritas se dice que si los mexicas se comieran a los caídos en batalla, supondría prácticamente un insulto para los enemigos, pues generalmente preferían llevarse los cuerpos de sus caídos para hacer las debidas honras fúnebres y ceremonias antes de que fueran devorados por sus oponentes. A pesar de ser un tema interesante aún no ha destacado un gran trabajo al respecto que aborde toda la problemática al canibalismo mesoamericano.

Tenemos constancia, por ejemplo, de que los guerreros *tequihua* entre otras cosas tenían el derecho a la ingesta de carne humana y generalmente perteneciente al cautivo que ellos mismos habían prendido. Entre los mexicas, comer carne humana estaba sólo reservado a la clase privilegiada y en gran medida a los guerreros que se encontraban por delante de la cadena de mando. En algunos casos como el *tlacaxipehualiztli* se supondría que los guerreros no podían consumir la carne de estos cautivos, pues eran considerados como «sus hijos».

Sahagún menciona que del cuerpo de los cautivos que iba a ser consumido, una parte se le daba al *tlatoani* y las otras eran divididas según el número de captores que habían participado en su captura, máximo seis. Las extremidades eran lo más apreciado, ya que el corazón y sobre todo la sangre misma eran en realidad sagradas.

Las evidencias de antropofagia ritual en el México prehispánico no sólo están comprobadas por las menciones de los cronistas o las representaciones iconográficas en códices, sino también existen algunas marcas en los pocos restos óseos conservados de algunas de las víctimas. Un ejemplo de ello lo tenemos en las evidencias de los llamados tratamientos térmicos de los huesos que presentan marcas o huellas de haber sido hervidos, hay algunos casos, como el de un niño de entre tres y cuatro años de edad procedente de Xochimilco, en el que los elementos han sido analizados por antropólogos físicos como Arturo Talavera.

Igual que el sacrificio humano, los trofeos de guerra derivados de las partes corporales de los enemigos eran comunes en las sociedades

Un posible cautivo de guerra está siendo cocinado y devorado por un par de mexicas. En la escena la cabeza y la pierna resaltan en el macabro banquete.
Códice Florentino, libro IV, lám. 25 r.

Una representación del *tzompantli* en la que se incluyeron algunas cabezas de caballos y de soldados españoles. *Códice Florentino*, libro XII, lám. 68 r.

militaristas de la Antigüedad y el caso mexica no escapa a ello. La cabeza, sobre todo, es uno de los trofeos de mayor prestigio que un guerrero podía obtener de su enemigo. Recordemos el caso de los asirios, cuya paga dependía del cúmulo de cabezas decapitadas.

La importancia de obtener como trofeo la cabeza del enemigo se basaba en la posibilidad de adquirir sus poderes, era una manera de legitimarse como guerrero y demostrar tanto a los jefes como a los colegas las capacidades bélicas. Políticamente tenía que ver con el poder como una manera de sometimiento psicológico y amedrantamiento de los pueblos sometidos.

El máximo representante de este tipo de trofeos militares era el *tzompantli,* que como sabemos era un exorbitante muro de cráneos humanos producto de la decapitación de cientos de guerreros. Los registros de la existencia de este impresionante muro van desde documentos como el *Códice Florentino* a evidencias arqueológicas como las recuperadas en Tlatelolco y Zultepec en el Estado de Tlaxcala.

Sabemos que los mexicas durante sus combates con los españoles fueron más allá al decapitar incluso a los caballos y colocar sus cabezas en este *tzompantli.* Prácticamente, el tratamiento era decapitar al enemigo capturado, y traspasar su cráneo horizontalmente con carne y todo con una espiga de madera de forma que se iba desarrollando un entramado de cráneos hasta lograr el gran muro que iba a ser expuesto en la plaza principal de Tenochtitlan.

Para Sahagún este tipo de muros de cráneos era una señal de victoria. Por su parte, Durán lo narra de esta manera: «De palo a palo por los agujeros venían unas barras delgadas, en las cuales estaban ensartadas calaveras de hombres por las sienes. Tenía cada vara veinte cabezas: llegaban estas ringleras de calaveras hasta el alto de los maderos de la palizada de cabo a cabo llena».

Hay evidencias arqueológicas de todo esto ya que Francisco González Rul encontró un *tzompantli* en el yacimiento de Tlatelolco con cerca de ciento setenta cráneos perforados. Igualmente, en la zona de Zultepec, Tlaxcala, Enrique Martínez

Vargas recupera restos de cráneos españoles e indígenas con evidencias de haber sido perforados y colocados en el *tzompantli*. Parece ser que los habitantes de Zultepec al inicio de la conquista capturaron una caravana de conquistadores e indígenas que terminaron por ser aniquilados, sacrificados y colocados con diversos objetos en una ofrenda.

Por otro lado, los trofeos no se limitaban únicamente a las cabezas, también debemos recordar las mandíbulas, que sociedades más antiguas que los propios mexicas como los teotihuacanos ya consideraban como amuletos u objetos militares de prestigio.

En algunas ofrendas y entierros como los de la Pirámide de Quetzalcóatl en Teotihuacan, se tenían ejemplos de guerreros capturados, sacrificados y decorados con algunos collares elaborados de quijadas humanas. Ya en Época Mexica, en Tlatelolco nuevamente se encontraron varios de estos restos óseos asociados a este tipo de tratamiento simbólico. De la misma forma, algunas otras partes del cautivo como son algunas extremidades y hasta el pelo eran motivo de veneración en rituales posteriores a su muerte sacrificial.

Cabe destacar que hace poco tiempo se llevó a cabo un congreso sobre el sacrificio humano en la Ciudad de México del cual contamos con su más reciente publicación bajo el nombre de *El sacrifico humano en la tradición religiosa mesoamericana*, a la cual remito al lector para posteriores indagaciones sobre el tema.

En resumen podemos decir que la guerra y la religión han estado ligados en toda la historia mexica: parte de los fundamentos religiosos, políticos y sociales estaban entretejidos en una misma línea de comunicación que servía para legitimar en gran medida el poder imperial del Estado mexica.

IX

Poliorcética

Pese a lo que pudiéramos pensar, el tema de las fortificaciones en el mundo mesoamericano y más aún, en el caso mexica es bastante difícil de establecer. Sabemos que existió un gran Imperio mexica en el que sus constructores no necesariamente establecieron gran cantidad de sitios fortificados en sus fronteras como hicieron otras sociedades como la romana. En las fuentes se mencionan sólo algunos ejemplos y la arqueología ha podido recuperar otros cuantos.

Por otro lado, las bases teóricas del análisis de este tipo de estructuras puede llevarnos a comprender sus funciones simbólicas, políticas,

231

sociales y la que más llama mi atención desde la perspectiva funcional, que es en concreto la militar. En este capítulo intentaré establecer los planteamientos teóricos correspondientes a lo que debe de analizarse en un estudio de poliorcética y qué postulados metodológicos y teóricos pueden ser aplicables al caso mesoamericano y en especial a la sociedad mexica.

Antes de nada deseo comenzar por definir algunos conceptos básicos que deben ser puestos en la mesa de debate para ser aplicados al mundo mexica. Para empezar, el aspecto de la poliorcética ha sido utilizado sobre todo para las sociedades de otras partes del mundo casi sin importar nacionalidad o momento histórico. Se puede hablar de poliorcética clásica, medieval o renacentista, pero considero que debemos empezar a preguntarnos si debemos aplicar el término a las culturas mesoamericanas.

Algunos otros conceptos básicos como «asaltar», «asediar», «cercar» o «sitiar» son necesarios para conocer su aplicación mesoamericana. Recomiendo a los lectores, en vista de que este no es el momento y lugar correcto para estructurar todo un estudio profundo sobre fortificaciones que analice este tipo de definiciones en los diccionarios militares como el *Diccionario militar* de J. Almirante de 1869 (reeditado en 1989), especializado en poliorcética y fortificaciones.

Considerando los aspectos netamente funcionales creo conveniente mencionar lo siguiente: se habla en algunas publicaciones al respecto que generalmente quienes conciben una fortificación, consideran que está directamente vinculada a un peligro percibido por quienes las construyen, es decir, que cada uno de los muros, fosos, palizadas, etc., que se fabrican están asociados a la idea defensiva ante un peligro hipotéticamente conocido. Ello implica que quienes desarrollan las fortificaciones, se supondría que tienen un conocimiento cabal de contra qué o quiénes se están defendiendo, así como las capacidades tecnológicas del enemigo: el número de efectivos, tipo de armas, sus alcances, etcétera.

Al estudiar las funciones de una fortificación se puede analizar, además de las formas de hacer la guerra de los pueblos que las levantan, las amenazas sentidas por quienes las construyen, es decir, a qué temen y de qué se querían defender.

Existen fortificaciones que, por el simple hecho de haber sido elaboradas con gran magnificencia, han llegado incluso a disuadir a los ejércitos que pretendían atacarlas. Se plantea la idea de que un lugar de gran importancia no debe escatimar en el trabajo que implica la defensa de su ciudad, sin interesar tanto la dimensión del esfuerzo humano ni la cantidad de materiales necesarios para su construcción.

Se supone que quienes diseñan las fortificaciones tienen un conocimiento claro de las fuerzas ofensivas del enemigo y por tal motivo construyen un tipo específico de defensa para ese tipo concreto de ataque. La intención original es la disuasión y después la defensa directa y clara ante los enemigos.

Algunos expertos aseguran que en la Antigüedad la capacidad defensiva de las ciudades siempre iba por delante de la de su ataque y creo que el caso mesoamericano sigue esa misma regla. Asimismo, los asaltos a gran escala se producían en ciertas excepciones cuando los ejércitos, sobre todo el del enemigo, eran mucho mayores o se desarrollaba una derrota tan grande que no quedaba otra opción que guarecerse en su ciudad; uno de los casos más comunes en las batallas del México antiguo, sobre todo cuando el concepto de sitio fortificado estaba muy asociado a los templos.

Parte de los fundamentos de análisis de una fortificación radica en la estructuración de los ejércitos que pretenden asediar la ciudad, su despliegue táctico para tales efectos y la geografía. Estos son algunos de los elementos que debe considerar el defensor para poder estructurar todo el conglomerado de amurallamiento y elementos complementarios.

Nuevamente, tal como se ha desarrollado en otras latitudes como la península ibérica, se deben analizar las fortificaciones no solamente bajo la simple descripción de los muros que rodean una ciudad, sino prestando atención a sus características en cuestión de diseño, materia prima y funciones de los elementos que componen el amurallamiento. Esto también implica el número de guerreros que deberá, bajo ciertas tácticas, tratar de someter y expugnar a la ciudad en cuestión.

Generalmente se lleva a cabo un diseño de torres y poternas que impidan el desplazamiento correcto y sencillo de las tropas que asedian la ciudad para llegar a las puertas principales. A ello le agregamos una serie de elementos que también dificulten lo más posible la movilización y acercamiento del ejército atacante a la ciudad. El concepto básico de la poliorcética en la Antigüedad es mantener al oponente lejos de los muros y las entradas basadas en las obras de avanzada.

Para Francisco Gracia los elementos que se deben tomar en cuenta para el asedio de las ciudades son: la ventaja de saber por dónde atacará el ejército enemigo y el concepto del factor sorpresa. El defensor deberá lograr la mayor cantidad de bajas al atacante para que se dé el proceso de desmoralización de las tropas enemigas, ya que en el momento en que no sea sometida una ciudad después de un número considerable de bajas se desmoraliza al enemigo y no es tan fácil que reagrupe un nuevo escuadrón para continuar.

Una regla que establece Gracia es que un asedio se da cuando el ejército de campaña ha sido derrotado y se establece hasta donde le es posible en sus fortificaciones, como en el caso de la batalla de Coyoacán con los mexicas, donde Tlacaélel e Izcóatl derrotaron al ejército de Coyoacán que rápidamente trató de guarecerse en su ciudad, pero fueron adelantados por las filas mexicas antes de que llegaran a su templo para defenderse. Inmediatamente quemaron los templos donde podrían protegerse, evitando de esta manera el asedio y así a los guerreros de Coyoacán no les quedó otra que irse a los campos de cultivo donde se rindieron sin mayor resistencia.

Sabemos de antemano que en el México antiguo no existió la ingeniería de asedio y de defensa de las ciudades como en el caso griego o romano con las máquinas lanzadoras o arietes. En la coyuntura mesoamericana se cuenta sobre todo con armas de largo alcance como jabalinas, átlatl, arco y flecha, y hondas tanto para el fuego de cobertura como de defensa.

Ya en capítulos anteriores señalamos que la arqueología experimental, específicamente en el caso del lanzadardos mesoamericano, ha destacado que un buen tirador puede llegar a lanzar un tiro a una distancia de hasta ciento cincuenta metros con un lanzadardos modificado bajo diseños modernos, suponiendo que la mayoría pudiera lograrlo a los cien o ciento veinte metros, nos preguntamos si sería una distancia suficiente para llevar a cabo el fuego de cobertura y el posterior asalto de las fortificaciones. Obviamente, en el caso del arco y la flecha, su eficacia está por demás probada en este sentido.

El concepto de asedio desde esta perspectiva indicaría que un grupo de fuego de cobertura permitiría que un segundo sorteara los elementos defensivos de avanzada, como en el caso mesoamericano, como las magueyes y plantas con espinas que eran sembrados con el fin dificultar el paso del ejército cercano a las murallas o tal vez fosos, para poder llegar a las murallas y/o puertas principales.

Hipotéticamente, cuando una ciudad se encuentra en situación de ser asediada no le conviene desarrollar una avanzada del ejército a las afueras de la misma con efecto de suprimir el ataque enemigo, pues ello representa que tiene la capacidad de presentar batalla en campo abierto, de ahí que sea necesario establecer los puntos de defensa en las torres con los pocos efectivos que puedan estar disponibles para el fuego de barrera.

La poliorcética mesoamericana

Uno de los primeros estudios sobre fortificaciones del México antiguo fue desarrollado por Ángel Palerm en su ya famoso *Notas sobre las construcciones militares y la guerra en Mesoamérica*. En este pequeño trabajo se desarrolla una descripción basada en las fuentes escritas de los sitios fortificados con una estructuración de tipo defensivo, establecidos en lo alto de los cerros y montañas, hablando de algunos casos en el Preclásico como Monte Negro y Monte Albán en Oaxaca y sobre todo del Posclásico.

Divide su trabajo en sitios fortificados, poblados abiertos ubicados en terrenos llanos y lugares de difícil defensa. Un postulado interesante a sus teorías radica en considerar a los templos como parte de esta arquitectura defensiva mesoamericana, por lo menos para el área del centro de México, y efectivamente las fuentes mencionan esta situación de manera constante.

Las fuentes de investigación básicas para el estudio de la poliorcética mesoamericana son las propias ciudades fortificadas o las establecidas en las cimas de los cerros en las cuales se pueden establecer las posibles tácticas de defensa en función del análisis de sus fortificaciones o elementos defensivos.

A diferencia de otras civilizaciones como la griega y sobre todo la asiria, en México no contamos con mucha información iconográfica o de representación de asedio de ciudades. Existen algunos casos en las maquetas de figurillas en el occidente de México o en pinturas murales de la zona maya como en el Templo de los Guerreros de Chichén Itzá. Avanzada la historia prehispánica contamos con documentos pictográficos donde se recrea de forma interesante parte de la defensa de algunos poblados.

Por citar algunos casos que se tienen registrados en el Viejo Mundo, en algunos relieves asirios es posible observar cómo varios arqueros protegen el asedio desde lejos mientras otros guerreros suben por torres y escaleras a las murallas de los pueblos sometidos. No tenemos evidencia parecida en el mundo mesoamericano, salvo de ciudades que parecen no estar guarecidas por murallas y ya están siendo sometidas, como en los murales del Templo de los Guerreros en Chichén Itzá. De igual manera, el fuego de barrera, es decir, el que procuran los defensores de la ciudad se daría arrojando todo tipo de proyectiles a los enemigos que atacan la ciudad, como se observa en una lámina de la *Historia tolteca chichimeca*.

Considerando los valiosos estudios de Robert Barlow respecto a esta lámina de la *Historia tolteca chichimeca*, sabemos que fue una de las pocas conquistas que se tienen registradas para uno de los *tlatoque* de México-Tlatelolco, ciudad finalmente mexica a la que en este libro hemos dedicado pocas líneas. Según este documento Cuauhtlatoa, otros investigadores creen que se podría tratar de Cuacuauhpizáhuac, gobernante de Tlatelolco, puso en aprietos a la ciudad de Cuautinchán, que aparece en este códice bajo ataque.

La batalla fue en el Cerro del Elote, el cual aparece fortificado y defendido por algunos guerreros. En la parte superior del cerro aparece el señor de Cuautinchán y su mujer resguardados. A sus faldas y alrededores, el señor de Tlatelolco y varios de sus guerreros, quienes están en proceso de asedio del sitio fortificado, están armados con *macuahuitl* y arcos.

Por otro lado, tenemos las fuentes escritas del siglo XVI para los pueblos del Posclásico y en un caso muy interesante y concreto, como es el asedio de Tenochtitlan, se pueden reconocer las estrategias tácticas de ambos ejércitos para defender y asediar la ciudad.

Para investigadores como Isabel Bueno, el problema de los enclaves militares y guarniciones es un asunto que debe ser sometido a discusión, ya que son realmente claros los yacimientos arqueológicos ligados al mundo mexica que se encuentran

desperdigados en México y que cuentan con las
características necesarias para ese efecto. Las fuentes escritas hablan de algunos ejemplos que no
están exentos de polémica.

Por un lado tenemos las colonias, donde un
militar de alto rango gobierna de alguna forma y
que una parte de las cuales son alimentadas pobla-
cionalmente con gente de la Triple Alianza y de la
Cuenca de México. Por el otro, las que en realidad
se deben considerar como guarniciones y que en
cierta manera son mencionadas por las fuentes
escritas de varias formas pero sin una verdadera
correspondencia arqueológica. Para Michael Smith
las verdaderas guarniciones podían ser divididas en
dos tipos: permanentes y temporales, respectivamente, las que hipotéticamente fueron construidas
y mantenidas por sus propios pobladores y aquellas que eran mantenidas por el Estado mexica.

Aunque Isabel Bueno sí considera la existencia de guarniciones teniendo en cuenta las fuentes
escritas, yo opino que deberían hacerse trabajos
arqueológicos de prospección y excavación para
corroborar la existencia en campo de las mismas.
Hay algunos ejemplos como Oztoman, pero se
han dejado de lado muchos otros más.

Si ubicamos esto por medio de las fuentes
históricas, estas mencionan la ubicación de fortalezas o puestos militares en varias partes del Imperio
mexica, como Tzinapanztingo, Ocopetlayocan,
Tochtepec, Xilotepec, entre otras. No necesariamente todas estas fortalezas aparecen registradas en documentos como el *Códice Mendocino*

Esta es una de las pocas representaciones iconográficas donde
se aprecia una batalla en la cual está involucrado algún
elemento de tipo poliorcético. *Historia tolteca chichimeca*,
láms. 74 y 75.

o en fuentes históricas como Ixtlixóchitl o
Bernal Díaz del Castillo, sino que han aparecido
arqueológicamente.

Se ha hecho notar por algunos autores como
Ross Hassig que el asedio a las ciudades se presentó
durante las batallas en diversos momentos de la
historia mexica. El caso de Oztuma, en otras ocasiones como la batalla con Tuxtepec en tiempos de
Moctezuma II, o la establecida contra Xochimilco,
entre otros casos hacen viable un verdadero análisis sobre cómo los ejércitos buscaban guarecerse
bajo la protección de las fortificaciones de sus
ciudades. En algunas fuentes escritas como Durán
se menciona uno de los primeros ejemplos en los
cuales los mexicas tuvieron la necesidad de crear
fortificaciones para su defensa, es el caso de la
batalla en Chapultepec. Claramente se dice que:

> Electo el capitán general de esta gente (Huitzi-
> líhuitl), mandó que por toda la frontera de
> aquel cerro se hiciesen muchas albarradas de
> piedra [...] donde todos se recogieron y fortale-
> cieron, haciendo su centinela y guardián de día
> y de noche [...] aderezando flechas, macanas,
> varas arrojadizas, labrando piedras, haciendo
> hondas para su defensa [...]
>
> *Historia de las Indias de Nueva España e Islas de*
> *Tierra Firme*
> Fray Diego Durán

Veamos el otro caso mencionado con la batalla entre xochimilcas y mexicas. Ambos ejércitos
salieron al encuentro en un despliegue en campo
abierto. La batalla se inició cuando ambos bandos

lanzaron verdaderas lluvias de flechas que según las fuentes «cubrían el sol». Posteriormente empezó el combate cuerpo a cuerpo, donde claramente los mexicas tenían mucha mayor eficacia, de manera que los fueron replegando hacia un cerro llamado Xochitepec.

Tlacaélel dirigió la batalla hasta que los xochimilcas se replegaron, como dicen los cronistas «a una cerca o albarrada que para defensa de su ciudad tenían hecha y poniéndose tras la cerca en unas troneras que en ella tenían, hacían gran daño a los mexicanos». Las troneras que se mencionan no son otra cosa que pequeñas aberturas o ventanas por donde podían disparar el fuego de barrera.

Enseguida los mexicas comenzaron con las mismas armas que llevaban, *macuahuitl* y mazos, entre otras, a devastar la cerca hasta que por fin lograron entrar. Este relato es uno de los tantos que tenemos de los que más se acercan a las técnicas que deben ser aplicadas por los mexicas en el ataque a la defensa de una ciudad. Arqueológicamente no podemos hacer un análisis comparativo, ya que no contamos con las murallas que defendían Xochimilco, aunque algunos sitios desperdigados por lo que fue el imperio, pueden, de alguna manera, dar muestra de ello.

Para ciertos autores como Michael Smith, algunos ejemplos de sitios fortificados o en posiciones defensivas clave pueden ser Cuauhtochco en Veracruz, Malinalco en el Estado de México y, sin duda alguna, la que más llama la atención, la más conocida y que puede ser susceptible de

un análisis más profundo: Oztuma, en el actual
Estado de Guerrero. Esa fue una fortaleza que
instaló Ahuízotl en la frontera imperial y que efectivamente fue atacada en varias ocasiones por los
tarascos.

Oztuma

La frontera tarasca fue motivo de varios enfrentamientos entre la Triple Alianza y los ejércitos
tarascos, por lo menos desde la época de Axayácatl
en 1476-1477, con Ahuízotl en la década de 1480
y posteriormente con Moctezuma II entre 1517
y 1518. Después de que Ahuízotl sufriera algunas
derrotas también por parte de los efectivos michoa-
canos no le quedó mas remedio que colocar una
fortaleza para guarecer las fronteras, sobre todo, el
tlatoani mexica buscaba defender la zona chontal
conquistada. Toda la población de Oztuma fue
asesinada y se consideró por el *tlatoani* repoblar la
zona con gente de la Cuenca de México, concretamente con cerca de dos mil habitantes según se
narra en las fuentes.

Algunas de las fuentes históricas más soco-
rridas para su estudio y sobre todo referente a la
conquista de la zona chontal son Tezozómoc y
Durán. Sobre y en cuanto a algunos de los trabajos
arqueológicos de la zona contamos con investigaciones de Pedro Armillas, Jay Silverstein y más
recientemente Raúl Arana. Desde el punto de
vista etnohistórico, algunos documentos como el
Códice Mendocino y la *Matrícula de Tributos* hacen

referencia a las funciones defensivas de la frontera imperial mexica en zona tarasca. Y no debemos olvidar los reportes de 1579 del Capitán Lucas Pinto, que han servido como una buena base de análisis para muchos de los investigadores antes citados.

Parte de las disputas llevadas a cabo en la zona iniciaron cuando Ahuízotl hizo una fastuosa ceremonia para su Templo Mayor, invitando a varios pueblos y señores de la zona, entre cuyos objetivos estaba solicitar su apoyo. Uno de estos pueblos que no asistió fue Teloloapan al parecer a causa de una rebelión. Los mensajeros de Ahuízotl dieron cuenta de ello, ya que los caminos aledaños a la ciudad estaban cercados por piedras, magueyes y tunales. Enseguida el *tlatoani* mandó hacer la guerra a la población la cual inmediatamente fue sometida. Tal parece, como afirman algunas fuentes, que esta rebelión había sido producto de las instigaciones de la gente de Oztuma, quien también fue sometida. Todos fueron aniquilados menos los niños, a quienes se envió a Tenochtitlan.

De esta manera Oztuma se convirtió en el prototipo a estudiar de un puesto defensivo que no solamente era una fortaleza sino, a ojos de Pedro Armillas también fue un sistema defensivo que se extendía desde el río Balsas hasta los límites del Estado de México, actualmente cerca del municipio de Teloloapan en el Estado de Guerrero. El material de construcción de esta fortaleza fueron sobre todo lajas de piedra sin aparejar y bien dispuestas para que no cayeran. Contaba con una primera cerca de aproximadamente un kilómetro de longitud, extendida transversalmente de noreste a sureste sobre una loma.

Una segunda cerca llamada *la Malinche,* daba paso a un camino de ronda. El fortín tiene una planta triangular, el vértice que miraba hacia el enemigo, tiene una forma circular más alta y al lado contrario una puerta. El tamaño de los muros es de alrededor de un metro con noventa centímetros hacia el lado exterior. El cerro de Oztuma cuenta con diversos parapetos que defienden diversos puntos de la montaña. Se describe por algunos cronistas que en algunas zonas como en Teloloapan se colocaban plantas espinosas para dificultar el paso a los ejércitos. La distancia entre un muro y otro daba la oportunidad, a juicio de Armillas, de ocupar convenientemente el puesto de combate en caso de haber sido tomado el anterior.

Desde 1499 se habían llevado a cabo diversos ataques a la fortaleza, pero esta había resistido hasta que en 1519, en tiempos de Moctezuma II, los tarascos incursionaron nuevamente contra la fortaleza de Oztuma, la cual había sido agrandada a partir de la conquista de la zona desde la época de Ahuítzotl. En esta ocasión cayó finalmente en manos tarascas unos años antes de que todo el imperio se viniera abajo con la llegada de los españoles.

MALINALCO

En el caso de Malinalco, no podemos decir que en realidad se tratara de una fortaleza. El sitio, ubicado actualmente en el Estado de México, no ha recibido tanta atención como uno debiera suponer. Las grandes exploraciones del yacimiento se dieron en los años treinta por don José García Payón.

Construido en lo alto de la ladera de unos cerros, Malinalco fue producto de las excursiones de Axayácatl en la zona de Toluca, edificando algunos templos, para que posteriormente Ahuízotl construyera el sitio a gran escala para realizar actividades religiosas de la cadena de mando más alta en la estratificación militar mexica, es decir, los guerreros águila y los jaguar. En este sentido, podemos decir que el yacimiento, dada la ubicación en que estaba emplazado, tenía de alguna manera fines defensivos al haber sido estructurado en la parte superior del cerro de Malinalco o Cerro de los Ídolos por la población local.

Es importante mencionar que la serie de publicaciones y trabajos arqueológicos llevados a cabo en Malinalco han sido escasos. Si bien la gran exploración de García Payón dejó al descubierto muchos edificios y estructuras de la zona, no se han realizado más exploraciones o por lo menos las publicaciones al respecto son muy pocas. Algo se tiene sobre un pequeño catálogo escultórico de la zona, pero se le han dedicado pocas líneas al yacimiento.

El edificio más representativo y principal es el denominado *Estructura I*, es decir, el gran templo de los guerreros águila y jaguar, que fue tallado sobre la roca madre del cerro, creando uno de

Templo monolítico de los guerreros águila y jaguar. Malinalco, Estado de México.

los pocos templos monolíticos del mundo. En la entrada del mismo se aprecian un par de esculturas de un águila y un jaguar que custodian el acceso al templo, cuya entrada se representa como las fauces de una serpiente con lengua bífida.

En este lugar, así como en la generalidad del sitio se llevaban a cabo ceremonias y rituales asociados a las castas militares de los guerreros águila y jaguar, ello significa que su posición, más que ser estratégica desde la perspectiva militar, era en realidad de tipo simbólico y religioso, aunque podemos sostener hipotéticamente que también cumplía funciones de enclave militar.

Para autores como Esther Pasztory, Malinalco representa para los mexicas un símbolo de poder al recordarles a uno de sus principales enemigos durante su viaje de peregrinación: Malinalxóchitl, madre del mitológico Cópil y de alguna manera, la zona ya había sido conquistada y estos edificios se vinculaban como un elemento de victoria recordando estos sucesos a sus enemigos.

CUAUHTOCHCO

Ubicado en una de las provincias tributarias del imperio, hacia la zona de Veracruz, Cuauhtochco está considerado como una de las mayores provincias tributarias de esta región. Fue aproximadamente en tiempos de Moctezuma I (1440-1468) cuando, al conquistar parte de la Costa del Golfo se estructuró parte de esta ciudad. Fue explorado en 1950 por Alfonso Medellín Zenil y en los alrededores de su templo principal, construído muy a la manera mexica y de los demás edificios, se recuperaron los restos de una fortaleza. Fuera de ello no podemos en realidad hablar de un verdadero sitio de fortificación.

ENCLAVES MILITARES

Para entender lo que fueron los enclaves militares mexicas debemos empezar por desarrollar el concepto de cómo la Triple Alianza llevó a cabo sus respectivas relaciones diplomáticas y políticas entre sus miembros y la relación de estos con las provincias tributarias.

Sabemos de antemano que la Triple Alianza o *Excan Tlatoloyan* tuvo su origen a partir de 1428 con la caída de Azcapozalco. A partir de ese momento Tacuba, Texcoco y Tenochtitlan conformaron esta triple unidad política y militar con el fin de someter y adjudicarse territorios que a su vez permitieran la obtención de ricos tributos para los tres señoríos o estados en juego.

Los reinos dependientes de cada una de las capitanías de la Triple Alianza tenían, entre otras cosas, obligaciones militares que implicaban que un segmento de la población tenía que presentarse en caso de guerra. En este sentido, Carrasco hablaría de «guarniciones militares» o asentamientos con obligaciones militares. Parece ser que cada vez que se realizaba una nueva conquista se trataba de establecer una guarnición alimentada demográficamente por las poblaciones de la Cuenca de México.

Pedro Carrasco divide estas guarniciones en dos: las de la Cuenca de México y las guarniciones o enclaves lejanos. Para Van Zantwijk es probable que estas guarniciones que tenían obligaciones militares estuvieran más comprometidas con Tenochtitlan que con otro de los reinos de la Triple Alianza, recordemos que precisamente Tenochtitlan dirigía casi siempre las operaciones militares. Esto significa que estos lugares en lugar de dar tributos en especie, pagaban con servicios específicamente de efectivos militares y avituallamiento.

Las guarniciones de la Cuenca estarían encabezadas por Citlaltépec la cual, de acuerdo con los estudios de Carrasco, aparece como la principal respecto a otras tantas en la zona de acuerdo al *Códice Mendocino*. Para el caso de las guarniciones de las fronteras del imperio autores como Bernal Díaz del Castillo hablan de cuatro: una en el Soconusco en la zona de Guatemala y Chiapas, otra en Guazacoalco, una más en Michoacán y la otra en el Pánuco. Sobre todo se sabe de estas para al reinado de Moctezuma II, pero se tiene información de otras en Oaxaca y la Costa del Golfo desde Moctezuma I.

Estas guarniciones estaban a cargo de lo que se llama un gobernador militar que era enviado desde Tenochtitlan y que tenía un específico rango militar. Es curioso señalar cómo estos gobernadores militares aparecen en algunas de las láminas del *Códice Mendocino* junto a la cabecera de cada zona militar y en ocasiones se da hasta el nombre de los mismos. Los funcionarios nombrados eran *tlacochcálcatl* y/o *tlacatécatl* que como ya hemos visto en apartados anteriores formaban parte del sistema de mando como generales o personajes de alto rango militar.

Para autores como Nigel Davies se tiene información para considerar algunos ejemplos de guarnición en sitios como Tuxtepec, donde había fuerzas armadas dispuestas en esta zona. Ubica de igual forma otros posibles lugares como Xiuhcóac, Xicalanco, Coixtlahuaca y Teozacoalco. En buena medida, aplicar el uso y conocimiento de lo que nosotros podemos denominar poliorcética al caso mesoamericano resulta un poco difícil. Sobre todo en el caso mexica, donde los yacimientos arqueológicos que existen de esta época y que son considerados como verdaderamente mexicas no necesariamente se integran en el espacio de las fronteras del imperio como quizá supone como fortificaciones, guarniciones o enclaves. Tenemos ejemplos como Malinalco, Tepozteco, Cuautochco, Oztuma, Castillo de Teayo, Teopanzoclo, Guiengola, sitio zapoteco escenario de una interesante batalla entre este pueblo y los mexicas, así como algunos otros más que podrían ser motivo de una interesante reunión científica en el futuro denominada *Mundo mexica y los estudios de frontera.*

X

Las grandes batallas del México antiguo

Uno de los planteamientos, en cierta medida, novedosos a nuestro juicio es el hecho de que este libro trate de desarrollar algunas de las grandes batallas del México antiguo con los fundamentos teóricos que ello representa. Así como en Europa se conocen a ciencia cierta los hechos ocurridos en algunas de los combates más extraordinarios de la historia por algunos ejércitos como el romano, el griego, el persa, el macedonio o el egipcio tales como Termópilas, Maratón, Teutoburgo, Isso, Gaugamela entre muchas otras, que han permitido a los especialistas en esas regiones desarrollar grandes trabajos y publicaciones. Tales ejemplos los tenemos resumidos en innumerables libros, como es el caso de Adrian Goldsworthy quien ha publicado trabajos interesantes sobre las Guerras

Púnicas o los generales romanos y sus grandes batallas. Incluso algunas de estas han sido motivo de su reconstrucción en tiras cómicas y películas como *300* y *La batalla de las Termópilas*.

El caso mesoamericano dista mucho de esto, ya que en muy pocas ocasiones se ha intentado, en alguna publicación seria, el desarrollo real de las batallas. Si bien existen algunos trabajos aislados como los de Herrerón para dilucidar el problema de los enfrentamientos tarascos y mexicas o bien los de la eminente antropóloga recién fallecida Anne Chapman, quien desarrolló a mediados del siglo pasado un trabajo titulado *La guerra de los aztecas contra los tepeacas*. También contamos con las investigaciones del gran etnohistoriador Robert Barlow quien se dio a la tarea de establecer los confines del Imperio mexica y determinar las batallas libradas. Por último, Nigel Davies y Ross Hassig en algunos de sus trabajos hacen referencia y comentan algunas batallas pero no he encontrado grandes detalles como se han estructurado en otros puntos del globo.

Uno de los pocos investigadores que sí abordó esta cuestión con una visión novedosa para su tiempo y con gran detalle fue la desaparecida antropóloga norteamericana Anne Champan en su trabajo titulado *La guerra de los aztecas contra los tepanecas*, donde desarrolla algunos de los hipotéticos planteamiéntos tácticos de ambos ejércitos.

En realidad, podemos decir que los resultados hasta ahora generados están muy por debajo de lo que en gran medida podríamos esperar, mas sí contamos con gran cantidad de fuentes escritas que de alguna manera pueden ayudar a obtener este tipo de trabajos que considero tan necesarios en un estudio de tipo militar e histórico. ¿Cuáles son los pormenores que deben tomarse en cuenta para el desarrollo de un análisis en forma de una batalla en la Antigüedad?

Obviamente esto conlleva un gran contexto histórico que debe ser analizado, pero al momento de establecer cómo se libró tal o cuál batalla creo que deben tomarse en cuenta los siguientes factores:

- Los sistemas de armamento.
- La forma cultural de ver el combate.
- Las unidades específicas derivadas de los sistemas de armamento.
- La situación geográfica donde se desenvuelve el combate.
- Situaciones externas en ambos ejércitos (alimentación, situación psicológica y el estado de salud de los ejércitos en disputa en el momento mismo de la batalla).
- El contexto histórico de cómo se origina y desenvuelve el conflicto.

Fuentes escritas como Bernal Díaz del Castillo, Hernán Cortés, fray Bernardino de Sahagún, fray Diego Durán, Hernando Alvarado Tezozómoc, Joseph de Acosta y muchos otros permiten conocer narraciones sobre como los diversos *tlatoque* que reinaron en Tenochtitlan, en conjunción con los integrantes de la Triple Alianza o en ocasiones por separado, libraron extraordinarias batallas para someter a sus enemigos y en no pocas ocasiones para la defensa de sus ciudades.

Esta vez, estimado lector, trataré tan sólo de presentar algunos ejemplos, quizá algunos de los más conocidos en la historia militar mexica pero que, sin embargo, no son los únicos. Evidentemente, el desarrollo de estas batallas será desde una visión muy particular que podrá o no ser sometida a discusión, la cual considero necesaria. No obstante, no se puede lograr un debate rico en conceptos y proposiciones si antes no se toman en cuenta los factores que se han mencionado, permitiendo con ello elaborar las respectivas versiones de otros investigadores.

En esta ocasión presento la batalla de Azcapozalco, una de las más importantes en la historia mexica ya que es el momento en que, derivado de los factores políticos que imperaban en ese momento en la Cuenca de México, lleva a los mexicas al inicio de una nueva etapa histórica: la etapa imperial.

La segunda batalla, la de Coyoacán, tuvo lugar, iniciada ya la etapa imperial, en la que los mexicas comenzaron por someter a varios de los pueblos que el señorío anterior tenía sojuzgados, en este caso Coyoacán. Se dice de este conflicto que incluso mujeres y niños estuvieron involucrados. Avanzado el imperio, el gobierno de Axayácatl trató de someter a algunos de los señoríos que se encontraban en lo que hoy es el Estado de México.

Los afamados matlazincas, quienes eran expertos lanzadores de piedras con la honda, son motivo de una épica e interesante batalla en la cual se dice que después de la misma, las heridas que el gobernante sufre son el motivo de su posible muerte.

Pero ninguno como los tarascos, el principal rival de los mexicas, quienes impidieron, por diversas concausas, que este poderoso imperio se extendiera a tierras michoacanas. Los mexicas libraron varias batallas contra los tarascos, que nunca permitieron su avance y dominio del dicho territorio. Mucho se le ha achacado al hecho de que los tarascos usaban armas de metal, pero ya veremos que los factores fueron má allá de este gran mito de la historia mesoamericana.

La batalla de Azcapozalco

Entrado el año 1424, el nuevo señor de Tenochtitlan ha sido elegido con premura pero con gran tino. Izcóatl es elogiado, pero a su vez el pueblo exige que el *tlatoani* haga algo con respecto al sometimiento tepaneca, que en fechas recientes ya se perfila insostenible para el pueblo mexica. Esto sucede desde hace ya varios años, prácticamente desde la llegada de los mexicas a la Cuenca de México, cuando eran los verdaderos señores de Azcapozalco y los de Culhuacán los principales opresores de la región.

Ya han pasado varios *tlatoque:* Acamapichtli, Huitzilíhuitl, Chimalpopoca y ninguno se ha atrevido, por falta de experiencia militar y, finalmente,

257

para hacer frente a los ejércitos tepanecas. Parece ser que en esta ocasión las cosas van a cambiar, pero este nuevo señor necesita un leve empujón para hacer la distinción entre libres y sometidos. Y ese empujón debe venir de un personaje de la corte que tendrá, a lo largo de la historia mexica, una importancia fundamental: Tlacaélel, el segundo al mando, el *cihuacóatl,* general de los ejércitos mexicas y brazo derecho de Izcóatl.

Al reunirse la base burocrática de Tenochtitlan comenzaron a discutir si debían o no hacer frente a la amenaza tepaneca que durante tantos años los había oprimido. Hay quienes argumentan que lo mejor sería dejar las cosas como están, otros como Tlacaélel incitan a hacerles la guerra. Con palabras fuertes y decididas, Tlacaélel dice a sus compatriotas:

> ¿Qué es esto mexicanos?, ¿estáis locos?, ¿cómo tanta cobardía ha de haber que nos hemos de ir a rendir así a los de Azcapozalco? Y vuelto al rey dijo: ¿cómo, señor permitís tal cosa? Habla a ese pueblo y dile que deje buscar medio para nuestra defensa, honor y que no nos pongamos tan necios y afanosamente en las manos de nuestros enemigos.

> *Historia natural y moral de las Indias*
> Joseph de Acosta

Así, Tlacaélel pidió a Izcóatl permiso para ir al señorío de Azcapozalco a declarar la guerra. Una vez concedido este, Tlacaélel se dispuso a tomar las medidas pertinentes con respecto a todo el ceremonial relacionado con la declaración de guerra:

llevar un *macuahuitl* y un escudo, flechas y los ungüentos que en las fuentes mencionan como «unción de los muertos». El señor de Azacapozalco había preparado una emboscada para Tlacaélel que, como veremos, se ve frustrada.

Se supone que en la ley militar antigua no era bien visto que los emisarios, que tenían la obligación de llevar declaración de guerra, fueran amenazados o atacados hasta oficialmente entrada la guerra. Pero se había preparado bien la retirada y se mandó hacer una salida especial por donde pudiera escapar Tlacaélel diciendo a los de Azcapozalco: «Ah tepanecas, ah azcapuzalcas, que mal haced vuestro oficio de guardar pues sabed que habéis todos de morir, y que no ha de quedar tepeneca a vida». (Joseph de Acosta, *Historia natural y moral de las Indias*)

Ya todo estaba listo, la declaración de guerra había sido aceptada y no quedaba más que preparar a las tropas para la batalla. En realidad no sería solamente el ejército de Tenochtitlan, también el señor de Texococo, Nezahualcóyotl y un grupo de traidores de Azcapozalco, la gente de Tacuba, apoyaría el ataque. El sistema de mando fue designado por varios de los familiares de los reyes anteriores o bien, de algunos familiares del propio Izcóatl, entre ellos uno de los que más destacaría y tendría futuro en el reino de Tenochtitlan: Moctezuma Ilhuicamina.

Después de la respectiva arenga, Tlacaélel e Izcóatl marcharon con el ejército hacia Azcapozalco. Las fuentes dicen que llegaron a un lugar que se

llamaba Xoconochnopaltitlan, el campo de batalla donde los tepanecas de Azcapozalco esperaban
al ejército contrario. Bien se dice que estaban en
buen orden, muy aderezados con joyas, plumería y
fuertemente armados.

El despliegue del ejército establecido por parte
de Tenochtitlan y sus aliados fue el siguiente: un
primer escuadrón al frente estaba comandado por el
mismo Tlacaélel y se componía de gente de mayor
experiencia en la guerra: los grandes capitanes. El
segundo escuadrón, por detrás, con personas de
menor experiencia y en cierta manera reacios al
combate ya que, como debemos recordar, no todos
estaban de acuerdo con la declaración de guerra;
a ello se asocia el famoso pacto de Izcóatl el cual
no es el momento ni tiempo de analizar. Para ello,
recomiendo al lector la obra previa a esta: *Breve
historia de los aztecas* de esta misma editorial. Así,
Izcóatl tendría preparado un escuadrón de retaguardia para apoyar a los primeros. Claramente las
fuentes dicen que «el rey los tuviese a punto para
su tiempo».

El comandante de esta batalla en realidad era
Tlacaélel, y es quien inicia con una serie de gritos,
silbidos y aullidos a los que el resto del ejército dio
continuidad. El segundo escuadrón que estaba por
detrás, dirigido por Izcóatl inicia el resueno de un
tambor, lo que da pauta para una serie de gritos y
aullidos de parte de este escuadrón. Del otro lado
el ejército tepaneca inicia los mismos ruidos.

El ejército mexica se encuentra desplegado a
lo largo y ancho de la siguiente manera: al frente

varias filas de guerreros con honda y átlatl. Por detrás varios guerreros con *macuahuitl*, al centro y en los flancos diversos guerreros con arco y flecha y escudos. Por detrás de ellos, diversos guerreros un poco más jóvenes que forman el escuadrón de Izcóatl.

Sabemos que el comienzo de la batalla se dio por parte del rey, quien con el resonar de un pequeño tambor que se encontraba en su espalda transmitió la orden de ataque. No queda claro cuál fue la primera táctica de ataque empleada. Seguramente comenzaron con lluvia de flechas y armas arrojadizas para finalmente iniciar el combate cuerpo a cuerpo, como es costumbre en este tipo de enfrentamientos.

Las fuentes, aunque no son muy detalladas, afirman que comenzó una batalla campal y que al grito de «¡México, México!» el desorden en las filas tepanecas no se hizo esperar, lo que permitió que los mexicas comenzaran a causar grandes bajas en las filas enemigas haciéndoles retroceder hasta su ciudad. En el momento en que una parte de los efectivos tepanecas comenzaron a retirarse, Izcóatl dio la orden para que el segundo escuadrón apoyara la victoria inminente de todo su ejército. Entre ambos llevaron a una buena parte del ejército tepaneca al interior de su ciudad, que inmediatamente fue motivo de saqueos, destrucción, aniquilación de niños, mujeres, ancianos, mientras que los otros huyeron a los montes cercanos donde finalmente fueron alcanzados para rendir las armas ante Tenochtitlan.

La información de esta extraordinaria batalla épica dio comienzo a lo que después conoceríamos como el Imperio mexica. En este sentido, la liberación del yugo tepaneca daría la pauta para una serie de cambios políticos, económicos y sociales en la Cuenca de México y posteriormente en todos los confines mesoamericanos. Por ello esta batalla es una de las más importantes de la historia mexica o azteca.

La batalla de Coyoacán

Como era de esperar, muchas de las ciudades sometidas o emparentadas con Azcapozalco se dieron a la revuelta cuando vieron que la capital de ese efímero imperio estaba destruida. Una de las ciudades que al inicio pusieron mayor resistencia a los mexicas fue Coyoacán, un señorío tepaneca que curiosamente no prestó ayuda durante la batalla con Azcapozalco.

En algún momento Coyoacán, al verse en peligro, solicitó apoyo de Chalco, quienes simplemente se hicieron de la vista gorda y los dejaron solos a su suerte para enfrentar a los ejércitos de la Triple Alianza. Es precisamente en Coyoacán donde Maxtla, el antiguo rey de Azcapozalco, fue a refugiarse para dirigir por última vez las pocas tropas que le quedaban.

Así, Maxtla convocó a la élite tepaneca de esta ciudad para hacer los preparativos de la batalla, pues como habían visto la caída de Azcapozalco ellos no tenían intenciones de caer en la misma

La batalla de Coyoacán se representa en la lámina 11 de los
tlacuilos del padre Durán. En ella, llaman la atención las
mujeres que están en la sección izquierda de la lámina, quienes
están armadas y dispuestas a prestar batalla. Por su parte,
la versión del *Manuscrito Tovar* se dio a la tarea de copiar el
mismo elemento.

situación de vasallaje y tributación. Resulta irónico que el mismo Maxtla trató, por medio de un emisario, de incitar a los tepanecas de la ciudad sometida para que se revelaran, parecía como si no entendiera la derrota de estos.

No necesariamente todo era captura de prisioneros para el sacrifico o sólo humo de *copalli* y dioses, como algunos investigadores han querido ver desde el siglo pasado. En realidad la muerte y desolación en las ciudades aniquiladas por los mexicas eran del todo estremecedoras. En algunas frases vertidas por los cronistas se aprecia claramente lo que suponía una guerra.

Uno de los representantes de la ciudad de Coyoacán dice al emisario de Maxtla en *Historia de las Indias de la Nueva España e islas de Tierra Firme* de fray Diego Durán: «¿Qué quiere agora tu señor? ¿Que tornemos a ver las calles de nuestra ciudad bañadas en sangre y llenas de pedazos de asaduras y tripas tendidas, de brazos y cabezas y piernas cortadas?». Es decir, la gente de Coyoacán no movió un solo dedo al ver la destrucción de Azcapozalco y ahora querían incitarlos, ya derrotados, a una nueva batalla, pero esto era imposible, tendrían que enfrentarse solos.

No quedando otra alternativa, Maxtla hizo los preparativos del siguiente combate. Se trataba en realidad de una batalla más que a campo abierto, guarecidos en la ciudad, en una posición defensiva, recordando los postulados antes mencionados de la poliorcética mesoamericana. La mejor manera de incitar a los mexicanos a la guerra, pese a que en realidad ya estaba más que dicho, fue de esa forma. Las mujeres aztecas acostumbraban acudir al mercado de Coyoacán para hacerse con ciertas provisiones. Extrañamente, continuaron con esta labor a pesar de que se declarara la guerra y, evidentemente, al llegar a Coyoacán fueron injuriadas, provocadas y hasta asaltadas por los habitantes de esa ciudad.

Al mismo tiempo, Maxtla trataba de hacerse de aliados en los señoríos y aldeas cercanas, pero nadie estaba a favor de Coyoacán y cada vez la situación, que se ponía más tensa, dejaba a Maxtla en una posición de mayor soledad frente a los mexicas a la hora de presentar batalla.

Una vez más los tepanecas idearon un engaño para incitar a los mexicas a la guerra. A Maxtla se le ocurrió una treta en la cual harían una gran fiesta para invitar a los principales funcionarios, familiares y señores de Tenochtitlan, entre ellos evidentemente al señor Izcóatl, con la intención de hacerlos quedar en ridículo. Al principio se portarían lo más educado posible y en el momento menos esperado, ofenderían lo necesario para que se animaran a hacer la guerra.

Tlacaélel, una vez más dio su postura al *huey tlatoani* y consideró poco apropiado que fuera a la fiesta precisamente para evitar problemas, así que sólo fueron en representación algunos funcionarios, unos cuantos guerreros que estarían sobre aviso si se perfilara algún tipo de traición. Al inicio de la fiesta todo parecía ir en orden hasta que un grupo de tepanecas salieron cargando ropajes de mujer para que se ataviaran de forma humillante los invitados, a quienes corrieron de sus palacios incitándolos a ir a su ciudad así vestidos.

Lo que viene a continuación llama mucho nuestra atención desde el punto de vista de lo que podemos denominar como *armamento biológico*. Enfurecido, el *tlatoani* de Tenochtitlan decidió finalmente hacer la guerra a los de Coyoacán. Una de sus primeras acciones ofensivas ante la ciudad de Coyoacán fue la de llevar toda una serie de animales de la laguna para que fueran literalmente asados y quemados frente a las puertas de la ciudad, curiosamente para antojar sus habitantes, quienes estaban ya en una posición defensiva pues finalmente la ciudad estaba en proceso de asedio.

El relato de fray Diego Durán es bastante curioso, ya que parecía que el deseo de estos alimentos y el olor que entraba por las calles de Coyoacán ponía a su población en una posición difícil. De esta forma, el ejército de Coyoacán se estaba ya preparando para la batalla. Los mexicas, por su parte, mandaron hacer una estructura de madera para poder mirar a lo lejos si había algún escuadrón o grupo de efectivos prestos a llevar a cabo una emboscada a las filas mexicas.

Una vez construida, el ejército mexica alcanzó a divisar desde allí que las filas tepanecas estaban en formación, ordenadas y acercándose hacia ellos. Así, Tlacaélel preparó el planteamiento táctico de la batalla. La idea era que, por un lado él y varios efectivos se moviesen por un lado mientras que el *tlatoani* desarrollaba una batalla de choque frontal, tal y como finalmente ocurrió.

Comenzó el combate frontal entre las filas mexicas del rey Izcóatl y la gente de Coyoacán. La batalla se tornó muy pareja al principio, había bajas de un lado y del otro, fue en ese momento cuando Tlacaélel hizo su aparición por la retaguardia, creando un desorden en las filas enemigas y desbordando las capacidades ofensivas mexicas sobre las tepanecas.

Una vez más, los tepanecas se vieron en la necesidad de replegarse a su ciudad y especialmente a su templo principal. Sin embargo, Tlacaélel y sus hombres se les adelantaron y llegaron primero a dicho edificio, el cual comenzaron a incendiar con la gente y todo lo que había dentro, impidiendo de este modo que se guarecieran las filas enemigas que quedaban. Los que pudieron huir, echaron carrera a los montes para escapar y pedir a los mexicas que cesaran el ataque, para decirles que se daban por vencidos. Al principio los mexicas respondieron: «No queremos perdonaros, traidores, no ha de haber en la tierra nombre de Coyoacán» pero finalmente dieron por terminada la batalla que anexaría un territorio más de tributación al ya iniciado Imperio mexica.

Varias fuentes coinciden en el planteamiento de emboscada desarrollada por Tlacaélel, por ejemplo Joseph de Acosta dice en su *Historia natural y moral de las Indias*:

En fin paró la casa en guerra descubierta, y se vinieron los unos a los otros a dar batalla de

> todo su poder [...] Tlacaélel porque dejando
> al rey Izcóatl, peleando con los de Coyoacán,
> supo emboscarse con algunos pocos valerosos
> soldados, y rodeando, vino a tomar las espaldas
> a los de Coyoacán, y cargando sobre ellos, les
> hizo retirar a su ciudad [...]

La batalla de Techichco contra Chalco

La batalla con Chalco despierta mucho interés entre los investigadores ya que presenta varias controversias y características interesantes. Primeramente que fue una verdadera guerra que duró más de dieciocho años, como argumentan varias fuentes. En segundo lugar, las características de cómo se desenvolvió en un tipo de contienda con carácter religioso y de conquista, hace que la empresa militar nos lleve a diversas interpretaciones.

Esta batalla se desarrolla en el momento en el que el poderío mexica apenas comenzaba. Como es bien sabido, a lo largo de la historia los pueblos que llevan su imperialismo a través de la guerra, generalmente deben comenzar por someter a los que tienen más a la mano y dejar controlada toda la región limítrofe de su entorno para poder pasar a campañas más ambiciosas de larga distancia.

Recordemos el caso de Alejandro Magno, quien antes de salir a conquistar el Imperio persa debió estabilizar su dominio en la zona de Macedonia, Grecia y regiones circundantes. El caso mexica no escapa a esta lógica. Antes de que los mexicas pudieran aventurarse a campañas más alejadas de la Cuenca de México, era indispensable eliminar a sus enemigos más próximos, en este caso Chalco, que era su principal piedra en el zapato.

Esta poderosa confederación de catorce señoríos debía ser sometida por lo que no era tarea fácil como la que se había presentado con los tepanecas. Y esta gran empresa le tocaría precisamente a Moctezuma I quien años antes había sido prisionero de los chalcas. Esta guerra entre mexicas y chalcas se da desde 1376 cuando aún eran vasallos de los tepanecas (condición que continuó hasta el año de 1465). Parece que originalmente estas batallas fueron de tipo religioso, pero al pasar de los años se fueron transformando en una cuestión más seria.

En un ir y venir de la guerra y sucesivas batallas, la última fase de la misma se inició por el año 1446 cuando los chalcas se negaron a tributar piedra para el *teocalli* o Templo Mayor de Moctezuma I.

Como ya comenté, uno de los principales pretextos para haber hecho la guerra a Chalco dentro de sus últimas fases históricas fue porque que se negaron a presentar a Tenochtitlan un fuerte tributo de piedra que era necesaria para ampliar el Templo Mayor y elaborar algunas esculturas. Moctezuma consideró pertinente solicitar este material a los chalcas y la respuesta fue rotunda, clara e incluso retadora al decir de los chalcas «y que si fuese menester tomar las flechas y el arco y la espada y rodela, que aquí esta esperando lo que viniere», esto es que si la negativa de brindar este tributo a los mexicas implicaba llegar al conflicto armado, lo harían.

Moctezuma mandó un pequeño grupo de espías para saber si los chalcas se encontraban ya listos para alguna actividad bélica y les dice claramente: «porque hemos de hacer todo nuestro poder para destruirlos». Y, efectivamente, al llegar estos a un lugar llamado Cuaxmoltitlan encontraron a todos los efectivos chalcas preparándose para la guerra: capitanes que organizaban los escuadrones con la gente más especializada para el combate. Se podía ver todo un llano cubierto por los efectivos del ejército chalca. Tenía claro que se estaban organizando líneas de combate y las que vendrían de refresco una vez ya cansadas las primeras. Las filas enemigas chalcas ya estaban preparadas donde se libraría la batalla, esto es, en el llano de Techichco, ubicado entre el Cerro de Culhuacán y Cuitláhuac.

Esta noticia fue suficiente para que Moctezuma empezara los preparativos de la contienda armada. Reunió al consejo de guerra integrado como siempre por los veteranos y capitanes principales. Es de gran interés observar como algunas narraciones especifican la edad de los guerreros que entrarían en combate, lo más lógico efectivamente sería contar con aquellos de edades «entre los veinte y veinticinco años, de treinta y de cuarenta años», como dicen las fuentes.

En esta narración se resalta también como se utilizaban armas en función de sus gustos y capacidades, lo que bajo nuestros esquemas teóricos

analizados desde los primeros capítulos se enfoca-
ría en las unidades específicas, vale la pena citar de
nuevo a fray Diego Durán:

> [...] todos cargados con las armas que más
> contento les daba: unos, con varas tostadas
> arrojadizas; otros con flechas y arcos; otros, con
> hondas y piedras labradas redondas, hechas a
> posta, de piedras pesadas a la medida de las
> hondas; otros con rodelas y espadas.

Al detenernos un poco en esta cita es necesario hacer algunas interpretaciones basándonos
en nuestros fundamentos teóricos. En primer
lugar, se establece en estas líneas lo que podemos
denominar *unidades específicas*. Al parecer tratamos primero con lanzadores de varas tostadas con
las que no se menciona ningún tipo de artefacto
propulsor, lo que quizá nos haga pensar en simples
jabalinas o lanzas arrojadizas. Posteriormente tenemos arqueros y honderos, de quienes se especifica
una vez más que los glandes para tirar con la honda
estaban producidos ex profeso para ello y no eran
simples piedras tomadas del suelo como algunos
investigadores piensan. Esto llama la atención, ya
que en los trabajos experimentales desarrollados
por el equipo de Átlatl México demuestran que
efectivamente se han hecho algunas pruebas con
la honda y que si se utilizan glandes improvisa-
dos derivados de rocas de río, no resultan del todo
efectivas.

Sabemos que en varias regiones de lo que
fue Mesoamérica se han recuperado los glandes
de honda de este tipo, pequeñas esferas de piedra

o incluso de cerámica que tenían esta función. Continuando nuestro análisis vemos que también había guerreros que estaban armados con el típico sistema de *macuahuitl* y escudo. Así en unas cuantas líneas se explica en la narración de Durán que «todos cargados con las armas que más contento les daba», es decir, se desarrollan sistemas de armamento ya antes comentados y unidades específicas no en función necesariamente del rango o de una imposición estatal sino de la especialidad de cada guerrero.

La narración de fray Diego Durán sobre la forma en que se prepararon ambos ejércitos para el combate es por demás detallada e interesante. Las arengas de Tlacaélel con su gente podrían ser motivo de un interesante estudio. En este sentido, conviene recordar que estos discursos de aliento y valor que los generales brindan a sus efectivos minutos previos a la batalla son ya clásicos hasta en las películas épicas. En este caso creo conveniente transcribir el de la batalla de Techichco:

> Ea, mexicanos, mirad a los que sois venidos, considerad que tenéis la muerte por delante y contra ella habéis de pelear, y que el dios de la tierra vuestra madre, os esta esperando. Vended vuestra vida como valerosos. Mirad que aquellos que allí están ni son leones que os han de despedazar, ni demonios que os han de tragar. Mirad que son hombres como vosotros y que las mismas armas que ellos traen tenéis vosotros en las manos, y que ellos son chalcas y vosotros mexicanos, elegidos para este menester y ejercicio militar. Ea pues, salgamos a ellos, sin mostrar cobardía ni temor.

Los chalcas respondieron con grandes alaridos y silbidos como se acostumbraba, de modo que recibieron con palabras de intimidación a los mexicas. Esta es una de las batallas en las que se ve más claramente el despliegue de dos grandes ejércitos mesoamericanos y estaban por disputarse. Bien se dice en las fuentes que estaban en orden en el campo de batalla.

Terminadas las fases previas del combate, Tlacaélel dio la señal de ataque, el típico tambor resonó para que dieran inicio al combate. Se menciona que fueron cayendo efectivos de un lado y del otro, desafortunadamente no detallan los planteamientos tácticos específicos, pero queda claro que fue un choque frontal sin mayores miramientos, no hubo emboscadas ni mucho menos. Lo que sí se dice de la batalla es que en las tropas chalcas se daban los intercambios para integrar nuevas filas de refresco al combate, uno de los motivos por los cuales la batalla no terminó pronto, sino que continuaron luchando sin descanso hasta la noche cuando finalmente ambos ejércitos se retiraron a un pequeño descanso.

Al reunirse el consejo para debatir la situación pensaron que la capacidad chalca de movilizar tropas de refresco era su principal motivo táctico de no haber sido derrotados todavía. En algún momento, a los consejeros y al propio Moctezuma les recuerda la batalla de Chapultepec (nos referimos a los inicios de la historia mexica cuando estaban en su peregrinaje), en la cual sus antepasados sufrieron una situación parecida en la que el número de enemigos del ejército contrario era superior y al final no se desanimaron en enfrentar el problema. Parte de la estrategia de Moctezuma fue mandar algunos escuadrones para ir debilitando al enemigo a lo largo de cinco días, durante los cuales se comenta que las bajas fueron mayores en las filas chalcas, y enviar el ejército completo en el sexto.

En esta batalla, los mexicas arremetieron con todo lo que tenían, de tal modo que los replegaron hacia un lugar llamado Acaquilpan haciéndoles perder muchos efectivos. Pero en el proceso de la misma se dio un suceso por demás controvertido e interesante en el que el factor religioso juega un papel importante.

Los chalcas, al darse cuenta de que ese día sería festivo, pues estaba dedicado a su dios Camaxtle, solicitaron una tregua a los mexicas. Pasado este tiempo los mexicas arremetieron nuevamente contra sus oponentes, a quienes replegaron en otras tierras aniquilando y capturando gran número de prisioneros. Según las fuentes se lograron aprehender cerca de quinientos chalcas que fueron sacrificados. Se dieron algunas batallas posteriores a las aquí narradas, pero al final no quedó nada más que Chalco, uno de los grandes enemigos del Imperio mexica, que se rendía con estas palabras: «Mexicanos, nosotros hemos hecho todo nuestro poder para defendernos y no hemos podido más».

La batalla contra los matlatzincas

Para el año de 1469 el trono de Tenochtitlan vio subir a uno de sus más aguerridos señores, el *huey tlatoani* 'Rostro de agua' Axayácatl de quien destaca, entre las muchas cosas que logró en su gobierno, la anexión de Tlatelolco, su rival, dentro de la serie de conquistas que formarían parte de la lista de las gloriosas acciones bélicas que lo caracterizarían. De hecho, la batalla con Tlatelolco sería un excelente motivo de análisis en este libro, pero he decidido sacar a la luz batallas no tan conocidas pero que tuvieron interesantes repercusiones en la historia mexica.

La campaña que nos interesa narrar y sobre todo analizar desde la perspectiva táctica es la batalla librada con el pueblo de los matlatzincas. Si bien ya estamos en una etapa en la cual el imperio había avanzado en sus conquistas, se había alertado a estos de la posible incursión militar por parte no sólo de los mexicas sino en realidad de los ejércitos de la Triple Alianza, en este caso, Tenochtitlan al mando de Axayácatl, Texcoco con su nuevo gobernante Nezahualpilli y Tlacopan con Chimalpopoca.

Una vez más se reunió el consejo supremo de guerra entre los tres principales señores, los *tlacochcálcatl* y *tlacatécatl* o capitanes de guerra y entre todos ellos aún estaba como principal consejero el sabio pero ya entrado en años Tlacaélel. Se dispuso todo lo necesario para los preparativos de la destrucción y conquista de la nación matlatzinca, ubicada en el Valle de Toluca, en lo que hoy corresponde a la capital del Estado de México. En aquel entonces se consideraban dos reinos unidos: el de Toluca gobernado por Chimaltecuhtli y el de Matlatzinco,

por Chalchiuhquiauh. Supuestamente ambos dirigentes estaban en problemas diplomáticos con los
de Tenancingo, a quienes hostigaban para hacer la
guerra, por este motivo, el señor de esta ciudad fue
a solicitar ayuda al señor Axayácatl, quien tomó
esto como pretexto para ir y hacerles la guerra.

Hay un hecho interesante que debemos resaltar en esta batalla. Previamente a que los ejércitos aliancistas marcharan al combate, Axayácatl
mandó decir al gobernante de Tenancingo que a la
hora que viese alguna señal de luz, quizá a partir
de una hoguera, entrara en acción ofensiva contra
los matlatzincas en lo que Axayácatl entraba en su
ciudad, pero dejó muy claro su voluntad: «que por
ninguna vía ni manera consintiese matar ningún

La memorable batalla que libró Axayácatl contra los
matlatzincas fue ilustrada en la obra del padre Durán. Sentado
en su *ichpalli* Axayácatl aparece vislumbrando simbólicamente
la batalla en la que sus guerreros debastan a las filas enemigas
maztlatzincas.

matlatzinca, sino que todos presos y a buen recaudo, los guardasen porque quería ensangrentar su templo y mesas del santuario [...]». (Fray Diego Durán, *Historia de las Indias de Nueva España e islas de Tierra Firme*)

Así, Axayácatl consideró el siguiente despliegue de sus ejércitos: estaban los texcocanos, los tepanecas, chalcas, chinampanecas, xochimilcas y los mexicas siempre por delante. Salvo el texcocano, la serie de pueblos formaban parte de los señoríos sometidos que en gran medida prestaban servicios militares a través de efectivos. Algunas fuentes narran que fue en un territorio llamado Cuahpanohuayan, donde se vieron las caras ambos ejércitos, mientras que otras hablan del puente Chicnauhatenco.

Lo que parece claro es que la batalla fue a las orillas de un río, como solía ser costumbre en muchos acontecimientos bélicos de la Antigüedad, pues esto permitía contar con agua fresca para aliviar a los heridos y darles de beber el vital líquido. Probablemente iban pasando al otro lado del río con la posibilidad de recibir una emboscada, pero finalmente parece que ni uno ni otro aprovecharon la oportunidad de hacerlo, y ya habiendo cruzado el río comenzó la batalla.

Es interesante lo que narran las fuentes ya que, al parecer, los dos tenían intención de llevar a la emboscada a su enemigo y por ello no llevaron a cabo el choque frontal directo en el combate, como se supone era la costumbre. Sin embargo, los mexicas, al parecer mucho más experimentados, fingieron una retirada por el río y cuando los matlatzincas los siguieron enseguida el rey Axayácatl dio vuelta y al grito de «¡México, México!» comenzó el contraataque y antes de que los matlatzincas pudieran pasar el río fueron atacados ferozmente.

Nuevamente el tambor que los *tlatoque* sujetaban en sus espaldas fue la base del sistema de comunicación a la hora de transmitir la orden de ataque. Desafortunadamente para Axayácatl, que en el ardid de la batalla se descuidó un poco, un enemigo matlatzinca que estaba escondido entre unos magueyes alcanzó a verlo y sabiendo que era el rey, enseguida le atacó con un *macuahuitl* procurándole una fuerte herida en el muslo.

Aquí inicia una extraordinaria batalla en donde el rey Axayácatl nos hace recordar a grandes personajes de la historia militar como Leónidas o Alejandro Magno. Enseguida, sabiéndose herido, se sujetó fuertemente de su oponente y entablaron una encarnizada lucha cuerpo a cuerpo que de acuerdo a los cronistas: «[...] abrazándose con su contrario, vinieron ambos al suelo y andando pugnando uno contra (otro), para rendirse el uno al otro [...]». Algunos guerreros mexicas enseguida se dieron cuenta de lo que estaba ocurriendo y vieron como el propio Axayácatl estaba ensangrentado, defendiéndose como podía, en medio de un alud de tierra y polvo.

Esta narración trae a nuestra mente una vez más el uso de las artes marciales, todo lo aprendido en las escuelas de forma totalmente personal se tenía que llevar a cabo; mas allá de los dioses, de los sacrificios, el combate era real, era uno a uno, estaba herido en una pierna y no le quedaba más que aplicar todo lo aprendido. Su guardia personal enseguida trató de aniquilar al enemigo, pero nuevamente la necesidad de capturar a los prisioneros vivos para el sacrificio humano fue el motivo por el que Axayácatl ordenó en plena batalla su captura y no su muerte. Al final la batalla había terminado y en ambos casos se dejaban ver las bajas, sin embargo, la victoria había sido una vez más para los ejércitos de la Triple Alianza, quienes entraron a la ciudad y prendieron fuego al templo principal.

Muy probablemente, el ataque a Axayácatl fue por medio de un *macuahuitl,* y según fuentes fidedignas la herida llegó hasta el hueso. En este sentido, debemos recordar a los lectores lo que ya se había dicho de la arqueología experimental de armas mesoamericanas y traer a colación las diferentes pruebas que se han hecho de esta arma que han generado contundentes resultados acerca de su capacidad lesiva, que permite penetrar hasta el esqueleto y dejar pequeñas lascas de obsidiana fracturada, tanto en la herida como en el misma o hueso.

Lo que sucedió a continuación para Axayácatl deja constancia de esta capacidad de lesión y de que en las guerras mesoamericanas los combates no se trataban únicamente de juegos de captura, como muchos creen, sino que efectivamente había graves lesiones que llevaban a la muerte y que, en última instancia, se trata de una verdadera guerra

y no un mero juego. Mencionamos estos detalles
ya que Axayácatl nunca se recuperó del todo de
esta lesión y algunas fuentes hasta aseguran que
fue esta la verdadera causa de su muerte.

Me gustaría resaltar algunos detalles de
esta batalla ya que algunas otras fuentes como
Ixtilxóchitl argumenta, tal y como expuse en mi
libro anterior, que esta batalla fue librada contra
los otomíes y su ciudad de Xiquipilco, en la cual el
mismo Axayácatl habría sido herido por su señor
principal, Tlilcuetzpalin. Otros autores como fray
Diego Durán u obras como la *Crónica mexicana* de
Alvarado Tezozómoc mencionan a los matlatzincas como los verdaderos protagonistas. Sabemos
también que las conquistas de los señoríos matlatzincas fueron antes de que en esa misma campaña
los ejércitos mexicas se dirigiesen hacia el norte
contra Xiquipillco, donde se menciona la muerte
de más de seiscientos xiquipillcas y la captura de
otros trescientos.

Por otro lado, Axayácatl claramente solicita
la captura de prisioneros y más bajas enemigas,
pero ello no necesariamente significa una guerra
florida, ya que en realidad no hay un acuerdo
con los enemigos al respecto; en el caso de esta
batalla, eso se procuró y finalmente se logró, pero
no podemos enlistarlas en el grupo de campañas propiamente floridas. Finalmente nos queda
claro que esta situación se desarrolló en la zona
de Toluca, actualmente en el Estado de México.
Cabe mencionar también que todas las fuentes

hacen especial mención de la herida propinada a Axayácatl durante el combate.

Los tarascos y la derrota del ejército mexica

El gran enfrentamiento mexica contra los tarascos ha sido motivo de muchas disputas académicas, algunas mal entabladas, así como el mitificado uso de armas de metal que ha brindado a investigadores y neófitos una respuesta simplificada al conflicto. Veremos en el siguiente apartado lo alejado que está de ello y en gran medida lo sencillo que es el desmitificar y eliminar de la ideología mexicana que las armas de metal fueron el principal motivo de esta derrota.

A la par con el desarrollo histórico y cultural de los mexicas, los tarascos, también conocidos como purépechas, comenzaban a estructurar un imperio que tarde o temprano terminaría por chocar con la muralla mexica en los enfrentamientos bélicos. Los intentos por la destrucción de este imperio tarasco fueron en realidad la necesidad y, sobre todo, el dolor de cabeza de algunos gobernantes mexicas. Entre ellos, el verdadero conflicto se inicia nuevamente con Axayácatl después de haber derrotado a la gente de Tlatelolco y sobre todo a los de Toluca, pues pese a haber recibido una fuerte herida en la pierna, aun así tenía intenciones de enfrentarse a su homónimo más peligroso: los tarascos.

La campaña contra el imperio tarasco tiene varios factores de análisis independientes del absurdo tema de las armas de metal. Los mexicas contaban con un ejército menos numeroso: las fuentes menos criticadas argumentan un total de cuarenta mil guerreros frente a los cincuenta mil. Otro factor es el hecho del conocimiento del terreno del lado tarasco.

Tratemos de analizar ahora los pormenores de la batalla, para lo cual debemos conocer cuáles eran las características del ejército tarasco tanto en los aspectos tácticos como en los sistemas de armamento usados, sobre todo si consideramos el tan mencionado mito de las armas de metal.

Debemos apuntar algunas peculiaridades en torno a la guerra en el mundo tarasco. Las fuentes de investigación directas son en realidad pocas comparadas con la versión mexica. Una de ellas es la *Relación de Michoacán,* que entre otras cosas narra como era la forma de combate de este poderoso ejército mesoamericano.

Antes de salir al campo de batalla los tarascos desarrollaban toda una serie de rituales en los que varios sacerdotes elaboraban unas pelotillas de olores o colores *[sic.],* así registrado en las fuentes, seguramente de copal, que colocaban en los sahumadores para llevar con ellas y dar inicio a las ceremonias previas a los combates. Posteriormente, subían a los alto de los templos para tocar los caracoles, prendiendo algunas hogueras y más copal mientras realizaban algunos rituales dedicados a los dioses del fuego. Parte de esta ceremonia estaba acompañada de algunas frases en las cuales nombraban a sus enemigos y solicitaban para aquellos malos augurios, enfermedades y malos presagios a los dioses.

Una vez finalizado todo este ritual, que al parecer de las fuentes era bastante largo, los seño-res *cazonci,* es decir, el equivalente del *tlatoani* o 'gobernante mexica' para los tarascos, mandaba mensajes a todas las provincias de su imperio para comenzar a reclutar a todos aquellos que irían al combate. Claramente se especifica todo el avitua-llamiento necesario para que las tropas se movi-lizaran al campo de batalla: provisiones, harina de maíz para preparar atole, corazas de algodón, escudos, flechas, de forma que también se iban mandado diversos efectivos a lo largo de sus fron-teras, una de ellas, la más peligrosa, la frontera con el Imperio mexica en zona otomí.

Previamente, como era costumbre en las sociedades mesoamericanas, se enviaban espías, probablemente como también lo hacían los mexi-cas, *pochetcas* o mercaderes disfrazados que pasaban desapercibidos para saber cuál era la zona próxima de conquista, sus capacidades defensivas y hasta si era necesario algunos espías con capacidades de hechicería colocaban flechas ensangrentadas escondidas para, según sus creencias, manipular a los pueblos.

La estructura del ejército y los sistemas de mando tarascos también han llegado en cierta manera a nuestros registros históricos. Varios de los generales y capitanes se colocaban unos tocados de plumas en la cabeza, se tiznaban el cuerpo y se les asignaba un escuadrón, que como en el caso

mexica, era un cuerpo de efectivos militares obliga-
torios que cada *calpulli* debía proporcionar al ejército estatal. Cada uno de los barrios se encargaba
de llevar sus respectivos avituallamientos, más aún
si se trataban de ciudades sometidas por el imperio
y solicitaba de ellos las obligaciones castrenses de
brindar efectivos.

Sobre las armas se detallan artefactos como
el *macuahuitl* que se dice de un tamaño de a dos
varas y otros tipos de armas típicas mesoamericanas, arcos y flechas, mazos, etc. En cuanto a las
armas de metal, debemos hacer algunas anotacio-
nes muy concretas, ya que estas han despertado
mucho interés en los investigadores. Desde la
perspectiva arqueológica es bastante fragmentaria
la información que nos llega. Sabemos que los
tarascos fueron uno de los pueblos mesoamericanos que más desarrollaron la metalurgia utilizando
diversos metales, entre los cuales el más común fue
el cobre. El registro arqueológico ha permitido que
nos lleguen varios de estos artefactos, sobre todo
herramientas como son hachas, cinceles, punzones
y anzuelos. También contamos con algunos ornamentos como son cascabeles, y hasta pequeñas
esculturas, sin embargo el registro arqueológico
en realidad es pobre sobre las mitificadas armas de
metal.

En el caso del registro histórico sí se menciona
lo siguiente: «[...] y toda la gente llevaba unas
porras de encina. Otros, en la cabeza de aquellas
porras ponían muchas puyas de cobre, agudas
[...]». Esto significa probablemente que hablaban

de los *quauhololi* o mazos a los cuales les añadían puntas de cobre. Pero qué tan literal debemos tomar esto, considerando lo que el limitado registro arqueológico nos ha dejado y analizando las capacidades tecnológicas de una metalurgia que apenas iniciaba. No podemos decir que los tarascos tuvieran la capacidad tecnológica para armar un ejército de cuarenta mil guerreros tarascos con armas de metal, ¿o sí? Creo que un buen estudio de arqueología experimental asociado a las capacidades productivas de este tipo de armas nos podría dar la respuesta.

Las fuentes hacen hincapié en que Axayácatl quería enfrentarse a los tarascos como una forma de comprobar si efectivamente tenían el mismo poder bélico y valor de los mexicas, lo cual, evidentemente era un pretexto anexo a la verdadera situación política que representaba un enemigo de estas características, puesto que podría impedir la verdadera expansión de los mexicas hacia el occidente.

Axayácatl mandó solicitar a las provincias sometidas que le brindaran el apoyo con efectivos militares llegando a juntar, según autores como Durán, cerca de veinticuatro mil guerreros. Otros autores ya mencionados, y que han sido los que más coinciden, sugieren un número de cuarenta mil. El ejército marchó hacia una zona en la frontera tarasca denominada Tlaximaloyan, donde construyeron el campamento. Axayácatl mandó un par de espías con efecto de conocer las capacidades del ejército tarasco, tal parece que estos cumplieron su misión al escuchar que efectivamente se contaba con cerca de cuarenta mil guerreros tarascos. De hecho, se establece el tipo de armamento que utilizarían: arcos y flechas, *macuahuitl*, hondas, mazos y lanzas arrojadizas entre otras.

Al saber esto el *tlatoani* mexica cayó un poco en desánimo, pero enseguida sus funcionarios y guerreros le recordaron que el numero nunca había sido problema para ellos. Y en cierta medida es así, recordemos a Alejandro Magno y muchas de las guerras que se suscitaron en el Viejo Mundo, donde las aplastantes multitudes de soldados persas se enfrentaban a un número mucho menor del ejército macedonio o griego. No obstante, estos últimos siempre salieron victoriosos por diversos factores, entre los que destaca el estratégico y a la mayor capacidad de los sistemas de armamento.

Se narra detalladamente como los guerreros experimentados fueron organizando el despliegue del ejército para combatir. Por delante entrarían en batalla los guerreros experimentados llamados *cuauchic y* que no debían retroceder por ningún motivo. Así empezó la batalla entre tarascos y mexicas. Desde la primera arremetida del ejército tarasco, no se detalla como sucedió esto, pero sí que los mexicas en poco tiempo retrocedieron. Ya de noche los heridos no se hicieron esperar, algunos con flechazos, otros lastimados por golpes con tiros de honda, otros con heridas de *macuahuitl*, y se señala muy bien en las fuentes que hasta algunos fueron atravesados por varas arrojadizas. En resumen, los índices de mortalidad en estas batallas eran innegablemente elevados.

A los heridos se les daba *yolatl*, que en lengua náhuatl significa 'caldo esforzado', el cual serviría para aliviar los males y heridas de los guerreros. Este primer combate había sido desastroso para el ejército mexica, los que quedaban se prepararon para la segunda batalla al día siguiente. Pero no debemos descartar un suceso interesante, ya que el ejército de los matlatzincas, finalmente ya como vasallos de los mexicas, fue oportuno en brindar apoyo para su siguiente enfrentamiento, incorporando mil cargas de armamento y efectivos para la contienda que se venía.

Iniciada la batalla, los mexicas se arrojaron a combate contra los tarascos y una vez más fueron aniquilados y en cuestión de poco tiempo no quedó otra posibilidad más que retirarse. Muchos grandes capitanes murieron del grupo de los *cuauchic* y *otómitl*. Se dice que Axayácatl llevó lo que quedaba de su ejército hacia Ecatepec, donde contabilizó sus bajas finales llegando a la considerable cifra de veinte mil guerreros caídos entre las dos batallas.

LA BATALLA DE TLILUHQUITEPEC: RADIOGRAFÍA DE UN COMBATE FLORIDO

Las batallas que hasta ahora han sido relatadas están enmarcadas en las llamadas guerras de conquista, donde los mexicas trataban de aniquilar al enemigo dejando caer todo el peso de su armamento y planteamientos propios de un conflicto de esta naturaleza. Veamos ahora un ejemplo de la narración de lo que en las fuentes era en verdad una batalla florida.

Desde tiempos de Moctezuma I se había llegado a diversos acuerdos para llevar a cabo este tipo de batallas y captura de prisioneros para sus respectivos templos, ya que como sabemos no sólo los mexicas lo hacían, sino que también los de las provincias en pacto tomaban sus respectivos cautivos para los mismos fines.

Una de ellas fue la batalla de Tliluhquitepec, uno de los señoríos que las fuentes registran con el cual se había pactado este tipo de conflicto. Esta batalla se libró en tiempos de Axayácatl, entre otras cosas con el fin de estrenar una piedra de sacrificios de especial relieve, quizá una como las que conocemos de Moctezuma I o Tizoc. Por ese motivo y bajo los acuerdos ya establecidos, Tlacaélel manda traer cautivos para el sacrificio y claramente Durán dice: «Y así, determinaron ir a la provincia de Tliluhquitepec ('en el monte rojo'), uno de los pueblos señalados para semejantes solemnidades».

Se conjugó la fuerza de la Triple Alianza, muchos de los guerreros en cuestión eran jóvenes aprendices y algunos veteranos, quienes seguramente desempeñaban el cargo de instructores, donde se menciona que era en el llano de Otumba. A este encuentro finalmente fueron a dar los efectivos de Tliluhquitepec con los mismos objetivos. Como hemos señalado, en realidad no hubo como en las batallas anteriores un previo de *casus belli* para hacer la guerra sino que ya había establecido este *pacto*.

El análisis de este tipo de batalla con los pormenores teóricos ya antes establecidos, si efectivamente había guerreros muertos en combate y si el uso de sistemas de sumisión era lo único y lógicamente necesario para capturar vivos a los oponentes, nos muestra un combate muy diferente al que emplean todos los sistemas de armamento y despliegues del ejército que hemos analizado en las líneas previas.

La batalla, como todas las anteriores, se inició con una arenga. Las fuentes sólo dan por sentado que la batalla comenzó directamente, no especifican ningún tipo de despliegues tácticos, lluvias de flechas previas, ataques de combate con armas de choque, el combate se da simplemente en un choque frontal, cuerpo a cuerpo, sin necesidad de establecer una lluvia de flechas previa como fuego de cobertura.

Durán claramente dice que: «[...] se revolvieron y entretejieron unos con otros, que matándose e hiriéndose con mucha crueldad, pugnaban de se prender unos a otros». En las frases de este autor se aprecian algunos aspectos interesantes y contradictorios, pues efectivamente se maneja esta idea de entretejerse y prenderse unos a otros aplicando técnicas de combate de sumisión, sin embargo se plantea cierta polémica en su afirmación: «matándose e hiriéndose con mucha crueldad». Después de someter en combate cuerpo a cuerpo a los enemigos, los amarraban y comenzaba la contabilización de los enemigos capturados. En esta batalla los mexicas perdieron cuatrocientos hombres y ganaron setecientos cautivos.

Durán no da más detalle de la batalla respecto a si hubo algún tipo de planteamiento táctico, sólo relata un ataque frontal y directo en donde los guerreros en combate de sumisión trataban de subyugar y amarrar a sus respectivos enemigos. Otros autores como Tezozómoc son aún más escuetos al analizar la batalla comentada.

Como puede ver el lector, se cuenta con mucha información de las batallas que libró a lo largo de su historia este extraordinario pueblo. Pese a ello, el gran tamiz que las fuentes españolas presentan al narrar los hechos con un aire europeo a veces deja en consideración las interpretaciones que el historiador militar debe hacer. En algunos relatos, por ejemplo, se narra que los tarascos empleaban carcaj con pieles de jaguar para llevar sus flechas, mientras que la realidad arqueológica mesoamericana no presenta su uso como algo tan verídico. Coincide con algunas representaciones de algunos indígenas mesoamericanos en el *Lienzo de Tlaxcala,* pero cuando tratamos de encontrar evidencias del uso del carcaj en otro tipo de manifestaciones más tempranas, como las arqueológicas, la búsqueda es infructuosa.

Es pertinente que los arqueólogos e historiadores militares lleven a cabo un análisis mucho más profundo de todas las fuentes y establezcan hasta donde sea posible los datos coincidentes y contradictorios entre las mismas para reconocer los patrones tácticos de los guerreros mexicas y mesoamericanos, pero sobre todo para esclarecer las tan enigmáticas tácticas y formas de combate de la guerras floridas.

XI

El reconstruccionismo histórico

La investigación arqueológica e histórica ha generado en estos últimos años un bagaje de información muy rico respecto a la guerra. No obstante, pese a que la mayoría de estos trabajos se encuentran todavía en proceso de interpretación y sistematización, podemos ya objetar que generalmente la manera en que es abordada la difusión de este conocimiento es a veces deficiente y queda reducida a la publicación de unos cuantos artículos en revistas científicas de difícil acceso, limitándose por tanto su proyección a la esfera académica.

Las nuevas generaciones de arqueólogos e historiadores cada vez adquieren más experiencia en torno a la investigación de los fenómenos culturales del pasado. La integración de nuevos enfoques y tecnología avanzada permiten que la arqueología actual produzca una información cada vez más veráz de los acontecimientos pretéritos.

Una parte fundamental de la disciplina arqueológica e histórica es tratar de difundir el conocimiento a través de lo que se ha dado en llamar *reconstruccionismo histórico*. Como su nombre indica, esta herramienta de trabajo permite al investigador reconstruir en toda la extensión de la palabra diversos aspectos de la cultura material de nuestros antepasados. Ello representa el uso de materiales y técnicas de elaboración lo más parecidas posible a esa circunstancia histórica, en este caso la Época Prehispánica, con el fin de trasladar de un pasado remoto al presente los usos y costumbres de las sociedades desaparecidas.

Este tipo de difusión arqueológica no ha tenido tantos adeptos en México, aunque comienzan a surgir algunos pequeños grupos en sitios como Cancún, todavía no existen grupos de alta reconstrucción como los existentes en Europa. En parte responde a la falta de conocimiento de tipo experimental mencionada anteriormente, pero también a cuestiones asociadas a la realidad de los jóvenes estudiantes e investigadores mexicanos, como son el presupuesto y el interés en la materia.

La arqueología experimental, que ya hemos analizado en varias ocasiones, pretende reconstruir parte de los procesos de manufactura y utilización de diversos artefactos del pasado y esto abarca desde la reconstrucción de grandes barcos, cañones, catapultas, hasta pequeñas armas como mazos, espadas, arcos, etcétera.

Una etapa de la reconstrucción histórica muy socorrida por los cineastas es la manufactura de ciudades, atavíos, armas e incluso hasta sonidos de los antiguos para poder trasladar al espectador a los momentos clave de la historia de la humanidad. Ejemplo de ello lo tenemos en películas como *Gladiador, 300, Apocalypto,* entre muchas otras. Para poderlo llevar a cabo es necesario el trabajo en conjunto de muchas personas, pero sobre todo de un asesor, generalmente un historiador o arqueólogo especialista en la materia, quien tiene en sus manos una gran responsabilidad, ya que esto finalmente será transmitido a un gran público.

Por otro lado, la labor de varios artistas que de la mano logren la reconstrucción más fiel posible de lo que se desea presentar es fundamental, pues una buena asesoría pero con un trabajo artístico deficiente dejará mucho que desear a la hora de difundir los aspectos históricos y arqueológicos que se quiera reconstruir.

A partir de la proyección de una nueva exposición temporal desarrollada por el Museo del Templo Mayor denominada: *Guerra y tributo: presencia mexica en Guerrero*, se me convocó por parte del coordinador de dicha muestra, el arqueólogo Raúl Barrera, para desarrollar una sección dedicada exclusivamente la cuestión de la guerra. Si bien el tema central de la exposición es la incursión militar mexica a la zona de Guerrero y los productos tributados, consideré pertinente proponer al equipo de trabajo la reconstrucción fiel de un guerrero mexica tamaño natural, elemento museográfico que hasta donde tengo entendido nunca antes se había elaborado para ninguna exposición nacional.

Parecía que era el momento de que en México se pudiera experimentar por vez primera con el reconstruccionismo histórico tan común en Europa, y presentar bajo el esquema mexicano un elemento museográfico que pretendíamos fuese pieza clave de la exposición.

Después de diversas gestiones se autorizó el trabajo, pero la pregunta esencial era qué guerrero debía ser reconstruido y por qué. Si bien un guerrero águila o jaguar fue lo primero que se vino a la mente, dada la fama y características legendarias que ostentan, el grave problema del tiempo y la alta dificultad que implicaba desarrollar un traje de estas características nos inclinó a considerar otro personaje. Finalmente, consideramos que nuestro personaje debía tener las siguientes características: presentar un atavío impactante y vistoso, ser de una alta jerarquía militar, estar perfectamente registrado en los documentos históricos y contar con la suficiente información para su reconstrucción. Asimismo, los aspectos de un alto valor simbólico en la historia y sistema de mando mexica eran fundamentales. Después de varias juntas consideramos que un guerrero *tzitzimitl* sería lo más propicio.

A la tarea de la reconstrucción de un guerrero mexica

Una vez tomada la decisión, debíamos reunir al equipo indicado para esta labor. Evidentemente se necesitaba de un escultor de reconocido prestigio y que tuviera suficiente experiencia en este tipo de trabajos, no se trataba de hacer un maniquí, sino una verdadera escultura tamaño natural que prácticamente estuviera viva. Para ello convocamos al escultor mexicano César Iván Cervera Obregón, quien ya tenía varios años de experiencia en este campo y contaba en su haber la elaboración de diversas figuras para el Museo de Cera de la Ciudad de México.

Pero no sólo era necesario un escultor, también alguien debía elaborar el complicado atavío del personaje y para ello fue seleccionado un grupo de expertas en la manufactura de atavíos a la usanza mesoamericana. De esta forma, el proceso de reconstrucción histórica llevaba dos niveles de trabajo: el de investigación, a cargo de quien esto suscribe, y el de elaboración misma de la escultura con los atavíos y ornamentos, el cual también implicaba una constante asesoría al equipo de trabajo. Así, la base académica para la reconstrucción de este guerrero estaba dictada por la información obtenida en documentos históricos, concretamente la lámina 67 r. del *Códice Mendocino*, bibliografía contemporánea sobre historia y arqueología militar mesoamericana y fuentes escritas de diversos autores como fray Bernardino de Sahagún y fray Diego Durán entre otros, así como la aplicación de los procesos de reconstrucción histórica de la arqueología e historia militar.

De acuerdo a la información histórica y los estudios de antropología física, sabemos que los

Detalle de la lámina 13 de la *Matrícula de Tributos* en la que se ejemplifican los trajes *tzitzimitl* como producto del tributo y combinados con tipos específicos de escudo utilizados en la reconstrucción del guerrero.

Una de las principales fuentes de investigación usadas para la reconstrucción del guerrero tzitzimitl fue la lámina 67 r. del *Códice Mendocino* donde aparece el personaje bajo el sistema de armamento con lanza y escudo.

guerreros indígenas tenían en promedio una altura de 1,65 metros y físicamente contaban con una masa muscular seguramente bien definida y en cierta forma desarrollada, por lo que se definió este esquema físico para la escultura. La posición en que debía colocarse era en el momento de presentar combate con otro individuo; por otra parte, como en el *Códice Mendocino* aparece representado bajo el sistema de armamento de los lanceros, consideramos pertinente armarlo con uno de los artefactos más característicos del momento, el *macuahuitl,* lo que para nada desvirtuaba nuestra reconstrucción. Junto a este se estableció colocar como arma defensiva un escudo bajo el diseño de la greca escalonada, que en diversas representaciones de la lámina 16 de la *Matrícula de Tributos,* efectivamente acompaña a este tipo de traje.

El escultor César Cervera propuso como material de elaboración de la pieza fibra de vidrio, ya que es resistente, duradero y fácil de transportar. Para dar textura y colorido tanto a la piel como al yelmo se utilizó óleo. Respecto al atavío, sabemos que estaba elaborado con algodón, al que al aplicarle una serie de tintes naturales se le añadía el decorado tanto de brazos y piernas como del pecho.

La serie de ornamentos que involucraba parte del atavío y del escudo se elaboró con plumas de pollo en color amarillo y ocre. Debemos destacar que se pudo localizar un criadero de quetzales donde amablemente nos donaron una buena

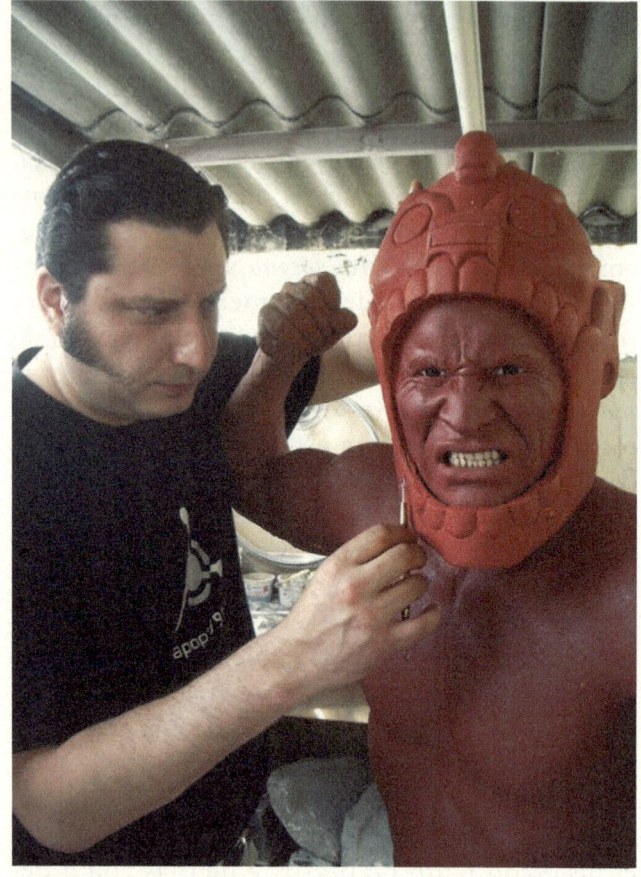

El escultor César Cervera desarrollando el modelado en plastilina. El yelmo del guerrero se desarrolló en una sola pieza junto con el rostro.

Primera reconstrucción
fiel de un guerrero
mexica en México.

cantidad de plumas para decorar el escudo, el
tocado y las puntas de algodón que rematan las
banderas.

Un elemento distintivo de este tipo de personajes es el rosetón de la muerte, el cual decoraba la
frente del yelmo, para cuya elaboración fue necesario el papel amate, el mismo material que se usó
para la confección de las banderas.

El algodón fue otro de los materiales que se
utilizaron para crear los botones que rematan tanto
el tocado, las banderas e incluso el decorado de
las orejas. Las sandalias de media talonera fueron
fabricadas en piel, pintadas de blanco y adornadas
con las correas también de piel pintadas de rojo, y
para la creación de sus suelas se utilizó una especie
de fibra vegetal algo parecida al ixtle.

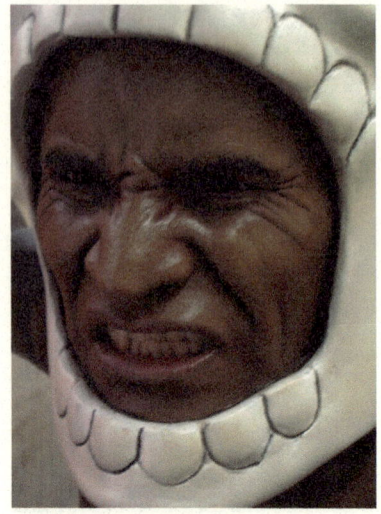

Detalles de la
reconstrucción del
yelmo.

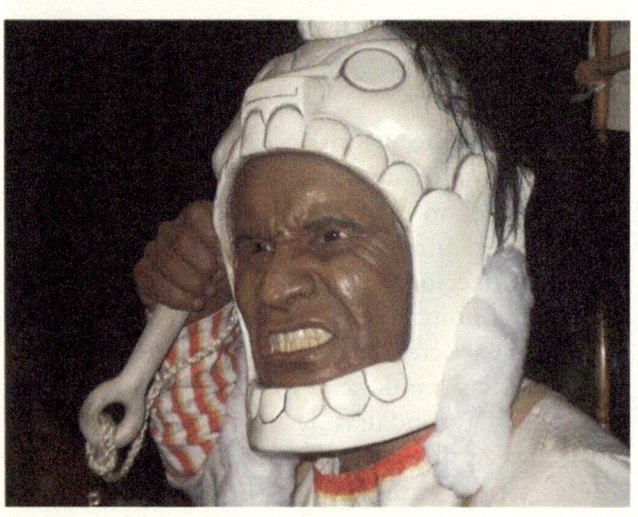

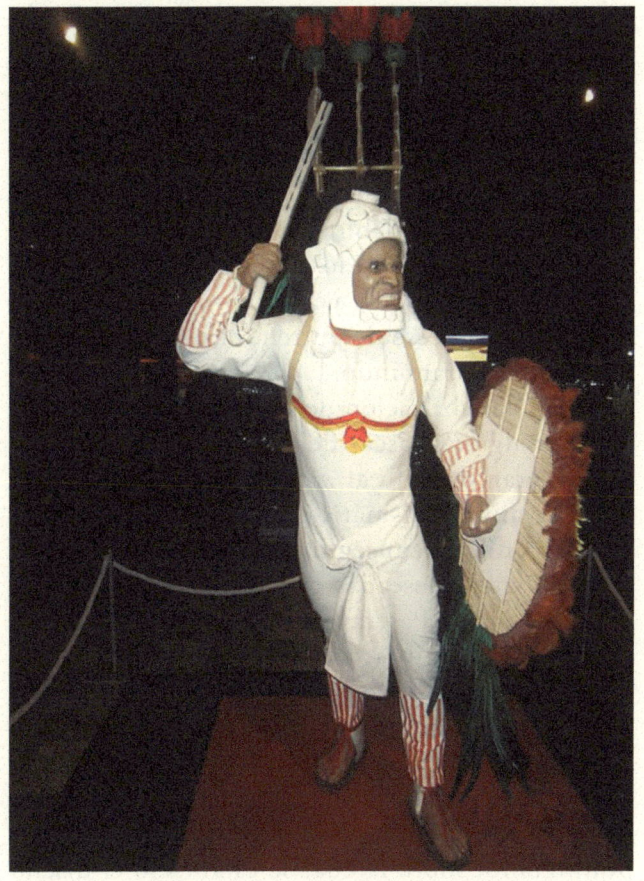

Reconstrucción del traje de guerrero.

César Cervera desarrolló un primer modelado en plastilina roja, el cual sirvió de base para extraer el molde de fibra de vidrio. El escultor, apoyado por un equipo entusiasta de artistas, dio los retoques de alisado y tallado para crear la forma deseada, así como la pintura de piel y el yelmo. La textura de madera, como debió ser el yelmo, se trató de lograr desde el modelado de plastilina. La idea era colocar una especie de yelmo a manera de cráneo humano en proceso de putrefacción, propio de los señores del inframundo.

Para la fabricación de las armas fue necesario obtener algunas lascas de obsidiana original que permitieran dar filo al *macuahuitl*. Oficialmente eran navajillas prismáticas, pero al final nos fue un poco difícil conseguir los artefactos con las características deseadas en nuestra colaboración con Alejandro Pastrana. El bastón se desarrolló también en fibra de vidrio para evitar que el arma fuera demasiado pesada para ser sujetada por el guerrero mismo, pero se logró una textura de madera.

Respecto al escudo, se ideó un armazón de varas de otate sobre una base de fibra de vidrio y poliuretano, sobre la cual se estableció el diseño del escudo comentado y se procedió a forrar el mismo con las plumas de pollo. Tenemos información suficiente para saber que los escudos mexicas eran del tipo embrazado y no empuñados, por lo que las manillas fueron elaboradas con piel para ser sujetas por el guerrero.

EL GUERRERO Y SUS CARACTERÍSTICAS

Este guerrero ostenta uno de los trajes que causaron más impacto a los conquistadores españoles. Era considerado como uno de los rangos más altos en la jerarquía militar mexica, después de los guerreros águila y jaguar. Este traje distinguía también a los generales tenochcas.

Los guerreros mexica suponían que al portar este tipo de trajes los poderes del personaje representado les serían conferidos, además de causar temor y confusión entre los enemigos. Este atavío comprendería elementos distintivos de rango en combinación con un diseño específico de escudo. La imagen que brinda el traje de *tzitzimitl* es la de un fiel representante de los seres del inframundo, la personificación de un individuo en estado de putrefacción semidescarnado.

El yelmo fue especialmente representado a manera de cráneo humano con las mandíbulas expuestas de las cuales sobresalía el rostro del guerrero. Otras características distintivas de los seres de la muerte son el rosetón de papel plisado a manera de flor y los cabellos enmarañados que decoran el yelmo.

Una parte fundamental de las divisas militares en este tipo de trajes eran las banderas, que en este caso están elaboradas bajo una estructura de carrizo que se aseguraba en la espalda. Independientemente de su asociación simbólica y estética, estas también cumplían la función de ser

303

un sistema de comunicación y un distintivo dentro del campo de batalla.

Otro elemento que caracteriza a los seres del inframundo, entre ellos a Mictlantecuhtli, es la proyección de un órgano en la caja torácica, en este caso decorando en colores rojo y amarillo el pecho guerrero. En muchas ocasiones este órgano se confundió con un corazón, sin embargo hoy sabemos que se trata de un hígado, estrechamente ligado con diversos conceptos asociados directamente con la muerte, la putrefacción del cuerpo, además de alojar algunas de las tres almas del cuerpo —además de las emociones y pasiones— sobre todo la ira. El color de traje, tal y como aparece registrado en los documentos pictográficos, puede ser en tono rojo, azul, amarillo y quizá el más característico era el blanco.

Evidentemente y bajo las características y concepciones que rodea esta manifestación militar de la muerte, el traje de guerrero *tzitzimitl* sin duda fue uno de los que más resaltaron en el campo de batalla y que seguramente más respeto infundió. De acuerdo a la lámina 16 de la *Matrícula de Tributos,* uno de los escudos que acompañaba este tipo de trajes era el que tenía el diseño de una greca escalonada, cuya forma estilizada representa una serpiente, y que se denominaba *quetzalxicalcoiuhqui.*

El guerrero está en posición de combate, en el momento mismo de abatir a un enemigo y armado bajo uno de los sistemas más característicos del Posclásico Tardío, el guerrero con *macuahuitl* y escudo. En el interior del traje llevaría el armamento defensivo pasivo por excelencia de época prehispánica, el *ichahuipilli* o peto de algodón que evidentemente se dejó en el caso de la escultura sólo a la imaginación ya que no se le colocó por dentro.

Esta primera reconstrucción, lo más fiel posible de un guerrero mexica, estuvo sujeta a todo tipo de críticas. Sin embargo, para ser la primera vez que se hace algo de estas características, creemos tuvo importantes repercusiones para la exposición *Guerra y tributo: presencia mexica en Guerrero* y esperemos que próximamente podamos dar mayor apertura al reconstruccionismo histórico mesoamericano en México.

XII

Líneas futuras de investigación y consideraciones finales

Después de haber pasado por este recorrido de la historia y arqueología militar del mundo mexica nos damos cuenta, por un lado de la riqueza de los materiales, pero a su vez de la insuficiencia de la investigación y de las interpretaciones. Consideramos que a lo largo de estas líneas el lector se ha encontrado con datos por demás conocidos, otros interesantes y discutibles y otros quizá insuficientes pero que animan precisamente a dar continuidad con las investigaciones e interpretaciones.

En alguna ocasión escuché que sobre la guerra mexica ya todo estaba dicho, y en realidad puedo decir que efectivamente el esqueleto básico está muy armado, pero sin embargo esto es sólo el comienzo. Considero conveniente que para hablar de las líneas futuras de investigación se debería partir de un esquema teórico mucho más sólido, en el que se tome en consideración, hasta donde sea posible, las bases metodológicas y teóricas de la arqueología militar extranjera, mientras no se tenga una madurez teórica bien desarrollada en temas mesoamericanos. Partiendo de estos factores teóricos bien sustentados ya podríamos iniciar con la investigación final de cada uno de los componentes que las bases teóricas de investigación nos marcan.

Para ello también es necesario hacer una gran labor historiobibliográfica de lo que se ha generado hasta el momento para dar por un lado su justo valor a los investigadores, autores que han propiciado un avance en torno a la historia y arqueología militar mesoamericana, con efecto de saber dónde nos encontramos y hacia dónde debemos dirigir los esfuerzos.

Por otra parte, es importante desglosar todos los componentes que implica la guerra mesoamericana como son sistemas de mando, comunicación, armamento, estrategia, táctica, logística, religión, artes marciales, mercenariado, poliorcética entre muchos aspectos que a su vez vayan de la mano con lo que las diferentes fuentes de investigación, sin desechar ninguna, nos permiten conocer.

Es decir, la fórmula básica sería teórica, derivada de la arqueología militar especializada aplicada a las fuentes de investigación para conocer casos concretos de la guerra en el mundo mesoamericano. Si desglosamos todo ello creo conveniente enlistar algunos puntos de análisis:

- Sobre los sistemas de mando se ha dicho mucho, pero se ha avanzado poco en reconocer la cadena de mando completa. Pese a que es comprensible si consideramos que las fuentes escritas son contradictorias, entendemos que precisamente por ello es un tema que debe reevaluarse y estudiarse muy a fondo.

- Respecto al armamento, sería conveniente revisar más los fundamentos lingüísticos y tratar de saber la relación de nombres que brinda esta fuente con respecto a los documentos pictográficos. Debemos recordar que los datos sobre la nomenclatura de estas armas son mucho mayores que lo identificado en otras fuentes.

  En cuanto a la arqueología experimental aún hay mucho por hacer. Sabemos que algo se ha logrado, pero los experimentos no son definitivos: en algunos casos deben afinarse y en otros existen algunas armas, sobre todo de corte defensivo, que aún no han sido motivo de estos trabajos. Respecto a aquellas de corte ofensivo, deberán revisarse los criterios de uso, sobre todo en aquellas armas de choque para las cuales no se tienen nociones claras de las técnicas de uso. En este sentido, creo conveniente utilizar las bases teóricas y técnicas que brindan los expertos en armas blancas para reconocer los elementos de análisis morfológico y funcional con respecto a los valores anatómicos corporales.

- Anexo a ello debemos argumentar que aún no se ha generado un patrón claro de los sistemas de armamento. Si bien yo mismo presenté una propuesta, esta no es definitiva y creo que los investigadores futuros podrán establecer los valores de análisis necesarios para corregir o ampliar lo antes propuesto.

- El gran problema de las tácticas militares estará del todo apoyado por los resultados que se logren de los estudios de sistemas de armamento y de arqueología experimental. No está del todo claro si existe un patrón de combate en los ejércitos mexicas determinado efectivamente por los sistemas de armamento.

De alguna manera, se ha identificado que las batallas en campo abierto, en las guerras de conquista, se iniciaban con lluvias de flechas y piedras acompañadas posteriormente de combates en choque frontal. Cuando un ejército era replegado, generalmente se guarecía en sus ciudades y cuando les era imposible huían a los cerros donde casi siempre eran alcanzados y ultimados. Queda claro que el despliegue de los ejércitos se daba con un orden específico que permitía el buen desempeño de las tropas para los planteamientos tácticos comentados.

Es fundamental hacer un verdadero análisis de todas las campañas y combates librados por los mexicas contra sus enemigos. Batalla a batalla, fuente por fuente debe ser contrastada, analizada e incluso enlistada para que sea motivo de futuras discusiones en foros académicos.

Este es un trabajo que espera ser desarrollado y comprenderá muchos años de estudio, sobre todo en la comparación constrastada de las fuentes escritas.

- Respecto al estudio de fortificaciones y enclaves militares, considero necesario que los investigadores desarrollen análisis de los sitios considerados enclaves y fortificaciones por las fuentes escritas y que esto sea contrastado con trabajos de prospección y excavación de los sitios. Esto facilitará la aparición de lo que en otras partes del mundo se llama *estudios de frontera imperial mexica* que permite en poco tiempo desarrollar foros especializados en este tipo de temáticas. Cuando se pueda contar con los elementos fortificados, se deberán estudiar los planteamientos tácticos defensivos de los mismos bastiones en torno al análisis constructivo y urbano.

Algunos colegas han prestado atención a los estudios de restos óseos con huellas de violencia, pero no se ha generado hasta el momento, y no sólo para el caso mexica, un verdadero corpus académico mesoamericano o un gran trabajo de investigación. Sin duda existen casos aislados, como el que se ha recuperado en algunos personajes de elite de Copan, donde se han podido reconocer los huesos del antebrazo fracturados y reosificados, vinculado al uso de armas defensivas como el escudo.

Esperemos que esta obra haya aportado algo al problema de la historia y arqueología militar en el México antiguo y, en definitiva, creemos que se suma a la lista de trabajos que pretenden ampliar el conocimiento de una de las desafortunadas plagas que han acompañado a la humanidad, el uso de la violencia y la guerra.

Bibliografía selecta

La presente bibliografía es una guía general para el lector de algunos de los trabajos publicados más representativos generados hasta el momento alrededor de la guerra en el mundo mexica. Omití los artículos y sólo anexé algunos que consideré pertinentes. Debido al carácter divulgativo de la obra, no todos los trabajos utilizados en la realización de esta obra aparecen en esta bibliografía.

ALVARADO TEZOZÓMOC, Hernando. *Crónica Mexicana.* Crónicas de América, 2001, n.º 25.

ARMILLAS, Pedro. Oztuma, Gro. Fortaleza de los mexicanos en la frontera de Michoacán. *Revista Mexicana de estudios antropológicos*, 2006, n.º 6, p.165-175.

Bandelier, Adolphe. *On the art of war and mode of warfare of the ancient Mexicans*. Cambridge, Massachusetts: Peabody Museum of American Archeology and Ethnology Annual Report 2 (10), 1877.

Barlow, Robert. *Los mexicas y la Triple Alianza*. En: Obras. Vol. 3. México: INAH/ UDLA, 1990.

Bueno, Isabel. La guerra naval en el Valle de México. *Estudios de Cultura Náhuatl* 36. México: IIH-UNAM, 2005.

—, *La guerra en el Imperio mexica: expansión, ideología y arte*. Mirada de la historia (Col.). Madrid: Editorial Complutense, 2007.

Canseco Vincourt, Jorge. *La Guerra Sagrada*. México: INAH, 1966.

Cervera Obregón, Marco. *Bibliografía selecta sobre la guerra en Mesoamérica, 2001*. En: http://www.naya.org.ar/biblioteca/bibliografia_militarismo_mesoamerica.htm

—, The macuahuitl: a probable weaponary innovation of the Late Posclassic in Mesoamerica. Arms and armours, Journal of the Royal Armouires, 2006, vol. 3, p. 127-148.

—, *El armamento entre los mexicas*. Anejos de Gladius (Col.). Madrid: CSIC, Instituto Hoffmeyer Polifemo, 2007.

—, El *macuahuitl*, un arma del Posclásico Tardío en Mesoamérica. *Arqueología Mexicana*, 2007, n.º 84, p. 60-65.

—, *Breve historia de los aztecas*. Madrid: Nowtilus, 2008.

CHAPMAN, Anne. La guerra de los mexicas contra los tepanecas. A*ctha Anthropológica,* 1959, n.º 1(4).

CORTÉS, Hernán. *Cartas de relación de la Conquista de México.* Buenos Aires: Espasa-Calpe, 1945.

DE ACOSTA, Joseph. *Historia natural y moral de las Indias.* Madrid: CSIC, 2008.

DE MENDIETA, Fray Gerónimo de. *Historia eclesiástica indiana.* Vol.1. México: CONACULTA, 2002.

DE TORQUEMADA, Fray Juan. *Los veynte y un libros rituales y monarchia yndiana.* Sevilla: Matthias Clauijo, 1615 (1614).

DE SAHAGÚN, Fray Bernardino. *Historia general de las cosas de la Nueva España.* Madrid: Alianza, 1998.

DÍAZ DEL CASTILLO, Bernal. *Historia verdadera de la Conquista de la Nueva España.* Madrid: Homo Legens, 2009.

DURÁN, Fray Diego. *Historia de las Indias de la Nueva España e islas de la Tierra Firme.* México: Consejo Nacional para la Cultura y las Artes, 1995.

ECHEVERRÍA, Fernando. *Ciudadanos, campesinos y soldados: el nacimiento de la «polis» griega y la teoría de la «revolución hoplita».* Madrid: CSIC, Instituto Hoffmeyer Polifemo, 2008.

GONZÁLEZ RUL, Francisco. El macuahuitl y el tlatzinteputzopilli, dos armas indígenas. Anales del INAH, 1971, tomo 2.

HASSIG, Ross. A*ztec warfare: imperial expansion and political control.* Norman: University of Oklahoma Press, 1988.

—, *War and Society in Ancient Mesoamerica*. Berkeley: University of California Press, 1992.

—, *La guerra maya vista a través del Altiplano Posclásico. La guerra entre los antiguos mayas*. Memoria de la Primera Mesa Redonda de Palenque. Trejo, Silvia (ed.). México: INAH, 159-173.

Hernández de Córdova, Francisco. *Historial natural de Nueva España*. Vol. 2. México: UNAM, 1959.

Lameiras, José. *Los déspotas armados, un espectro de la Guerra prehispánica*. México: Colegio de Michoacán, 1985.

—, *El encuentro de la piedra y el acero*. México: Colegio de Michoacán, 1994.

Pastrana, Alejandro. *La distribución de la obsidiana de la Triple Alianza en la Cuenca de México*. Colección Científica (Col.). México: INAH, 2007.

Pohl, John. *Aztec, mixtec and zapotec armies*. Oxford: Osprey Publishing, 1991.

—, *Aztec Warrior, 1325-1521*. Oxford: Osprey Publishing, 2001.

Soustelle Jacques. *La vida cotidiana de los aztecas en vísperas de la conquista*. México: Fondo de Cultura Económica, 1955.

Trejo, Silvia (ed.). La imagen del guerrero victorioso en Mesoamérica. *Estudios de Cultura Náhuatl*, 2000, n.º 31, p. 221-226.